LIDERAZGO AL ESTILO DE MOISÉS

CÓMO CONVERTIRSE EN UN GRAN LÍDER EN CUARENTA BREVES AÑOS

GENE MIMS

EDITORIAL PATMOS

LIDERAZGO AL ESTILO DE MOISÉS
Cómo convertirse en un gran líder
en cuarenta breves años

Publicado en español por Editorial Patmos
Miami, Florida E.U.A.
www.editorialpatmos.com

Publicado originalmente en inglés con el título *Moses on Leadership: How to Become a Great Leader in Forty Short Years* por Bay Forest Books, una division de Kingstone Media Group, P.O. Box 491600, Leesburg, FL 34749-1600

Traducido por Silvia Cudich
Diseño gráfico Luiz Felipe Kessler
Diseño de portada por Jonas Lemos

ISBN: 978-158802-676-7

Categoría: Liderazgo, Estudio Bíblico

Printed in Brazil
Impreso en Brasil

DEDICATORIA

Con gozo le dedico este libro a…

Ann, mi esposa y mejor amiga que trae alegría y equilibrio a mi vida; Jeff, Kathy, Marianne y Justin, hijos por nacimiento y matrimonio, quienes son una bendición; Sara Kate, Hampton y Margie, tres deliciosas personas,que me hacen querer vivir bien; la gente de la Iglesia Bautista de Judson, quienes me llamaron para que yo regresara a mi llamamiento; el personal de la Iglesia Bautista de Judson, que hacen que la obra del reino sea muy divertida.

CONTENIDO

Prefacio

De entre todos los personajes de las Escrituras, Moisés es casi único después de Jesucristo. Su vida y escritos son la base de la historia, leyes, teología, ética y constructos sociales del Antiguo Testamento y de muchos otros acontecimientos de la historia del mundo. Podría decirse que los Diez Mandamientos constituyen el documento más reconocido en el mundo. Su nombre es fácilmente reconocible en las religiones más importantes fuera de los grupos judíos y cristianos.

En realidad, es poco lo que sabemos sobre él personalmente. Cosas como su tamaño, altura o características personales quedan libradas a nuestra imaginación o a algún recuerdo lejano de Charlton Heston en la película *Los Diez Mandamientos*. Lo que sabemos de Moisés, lo hemos aprendido de la Biblia, especialmente de los cinco primeros libros que le son atribuidos a él. El llamado de Dios a sacar al pueblo de Israel de la esclavitud de Egipto rumbo a la Tierra Prometida es una parte fundamental de nuestro conocimiento de Dios, su pueblo y sus propósitos redentores. Sin Moisés, no habría ninguna narración que nos atrajera y nos mostrara el carácter de nuestro Dios en los años más tempranos de nuestra tradición.

Liderazgo al estilo de Moisés

Es de gran utilidad estudiar las diversas experiencias que Moisés tuvo personalmente y como líder. Algo que se destaca entre sus muchas características y experiencias es su liderazgo. No es pequeña cosa liderar toda una nación o grupo extenso de gente. Pero liberarlos de la esclavitud, deambular con ellos por el desierto durante cuarenta años, constituir su fibra como pueblo, escribir su historia teológica, entregar su libro de fe y prácticas y, finalmente, prepararlos para recibir una tierra que Dios había escogido para darles, es algo casi incomprensible.

La mayoría de los líderes nacionales son elegidos en naciones que ya poseen códigos legales, economías, ejércitos, instituciones educativas y sociales. Quizás tengan que liderar a sus naciones a través de épocas de guerra, hambre, recesiones económicas y disturbios sociales, pero ellos comienzan con *algo*. Moisés no tuvo el lujo de una entidad con la cual comenzar ni tampoco tuvo el tiempo o capacitación para prepararse para la tarea. Su ascenso al liderazgo comenzó con un llamado aterrador de Dios desde una zarza ardiente. Dios lo llamó a una tarea imposible repleta de riesgos y peligros. Dios lo eligió para enviarlo al faraón para exigirle que liberara a todos los hebreos.

No importa lo que hubiera experimentado en Egipto antes de escaparse, nada puede haberlo preparado para hacer lo que Dios eligió que hiciera. No había ninguna escuela de liderazgo del desierto de la cual matricularse y ningún mentor que lo ayudara a preparar su mente y corazón para la tarea que tenía por delante: sólo el llamado a venir y la orden de ir.

¿Puedo confesarles al comenzar este trayecto juntos que la historia de Moisés me inspira asombro y pasión? Yo, como la mayoría de los que leen este libro, he sido un líder durante muchos años. He leído sobre grandes líderes. He estudiado una variedad de líderes religiosos, militares, empresariales, políticos y educativos. He dedicado gran parte de mi vida a liderar a la gente. Es lo que hacen los líderes. Pero, en el libro del Éxodo, he descubierto algunos magníficos principios de liderazgo detallados por la vida de Moisés, principios que no había percibido jamás. Algunos de estos principios son similares a los que encontramos en la vida y obras de otros grandes líderes, pero otros no. Cuando los tomamos en conjunto, ellos ofrecen una serie única de principios que alientan y guían a líderes en toda clase de circunstancias.

Escribo estas ideas desde la perspectiva de un líder cristiano. No ofrezco ninguna disculpa por ello, como lo hacen tristemente muchos líderes de hoy. He ministrado durante cuarenta años como pastor, como vicepresidente corporativo de una gran entidad eclesiástica y como presidente de un pequeño ministerio que apenas comenzaba. De modo que escribo desde una historia personal que podría parecerles única. Sin embargo, en mi corazón, soy un pastor. En mi peregrinaje, he luchado con balances, inventarios, asuntos de marketing, desarrollos de tecnologías de la información, problemas de recursos humanos y la falta de capital y financiamiento para una nueva empresa. He enfrentado el estrés de comprar compañías, la inutilidad de muchas sesiones de planificación estratégica, políticas corporativas y miles de otros asuntos empresariales. Pero soy un pastor, de modo que a pesar de mi experiencia corporativa, mi mayor satisfacción es lograr que el pueblo de Dios haga conocer su nombre mediante Cristo en todas las naciones.

Mis temas se centran ahora en ayudar a la gente y equiparla para llevar a cabo la Gran Comisión. Constantemente pienso cómo liderar a la gente para que se una a Dios en su obra de redención. He cambiado los informes corporativos para las estadísticas de la iglesia y productos por relaciones.

Sin embargo, tengo que revelar que lo que he aprendido del trayecto de liderazgo de Moisés comenzó para mí en un entorno empresarial donde me vi enfrentado a todos los asuntos que enfrentan las empresas actuales. Afortunadamente, tuve que dar charlas, predicar y servir como pastor interino durante el trayecto. Aunque el comienzo de esta marcha comenzó en un lugar, se ha trasladado conmigo a otro. Como escribió el salmista:

Bellos lugares me han tocado en suerte; ¡preciosa herencia me ha correspondido! (Salmo 16.6)

De modo que reitero que escribo como un líder cristiano sin excusas. Las verdades sobre el liderazgo provienen de muchas fuentes, pero Moisés es diferente. Es desalentador que tantos recursos del liderazgo cristiano imiten a los negocios y líderes administrativos seculares con un poco de sabor espiritual agregado a la mezcla para satisfacer las exigencias del mercado. Puedo atestiguar que el liderazgo empresarial y el liderazgo del Reino, aunque poseen muchas similitudes, son *muy* diferentes. Nuestro liderazgo proviene de una relación con Cristo, un llamado a servir al Padre como uno de sus líderes, y la comisión de unirnos a él en la obra del Reino. Lo que pueda ocurrir en Wall Street o en las sedes empresariales es interesante e importante pero no es normativo para los líderes cristianos.

Si he escrito lo que realmente he aprendido, entonces se verán alentados a unirse conmigo para este corto viaje. Espero que nos podamos reír juntos, aprender juntos y celebrar nuestro llamado como líderes del Reino. Pido que Dios me haya dado nociones que les ayuden y que se multipliquen en su vida a medida que realizan sus propios descubrimientos y se convierten en mejores líderes. En otras palabras, espero que obtengan su propia bendición personal de los descubrimientos que he realizado en esta extraordinaria vida de Moisés.

Existe una verdad fundamental que descubrimos en la experiencia de Moisés: *que lleva mucho tiempo convertirse en un gran líder.* De modo que comencemos y marchemos con Moisés durante cuarenta años para ver si Dios tiene algunas otras verdades sobre el liderazgo que podamos descubrir.

Capítulo uno

El llamado del líder

Y ella le puso por nombre Moisés, pues dijo: "¡Yo lo saqué del río!"
(Éxodo 2.10)

Moisés tenía ciento veinte años de edad cuando murió.
(Deuteronomio 34.7)

Deseo comenzar con uno de los principios más importantes que recogemos de la vida y obra de Moisés: *que lleva mucho tiempo convertirse en un gran líder.* Hay excepciones, pero ustedes y yo no somos esas excepciones. Si así fuera, no estaríamos disfrutando de este viaje juntos. Así que, si pueden tratar de entender esto lo antes posible, sería útil. La experiencia de Moisés en el liderazgo comenzó rápidamente pero se desarrolló a lo largo de cuarenta años.

Los hebreos sufrieron esclavitud en Egipto desde la muerte de José, cuya historia es sin duda extraordinaria ya que pasó de la esclavitud a un liderazgo nacional, salvando a su familia y a todo Egipto del hambre. Su visión, sabiduría y liderazgo fueron instrumentales en el ascenso de Egipto como potencia mundial y del faraón como un soberano absoluto en Egipto.

Pero pasó el tiempo y surgieron líderes en Egipto que no sabían nada de José pero sabían mucho sobre los hebreos. Los hebreos habían acrecentado su número y se habían convertido en una verdadera amenaza para una serie de líderes y faraones en Egipto. Pero su gran número no se traducía en una fuerte influencia, de modo que estaban esclavizados y tenían que trabajar para los diferentes faraones que lideraban, uno tras otro, en Egipto.

Moisés nació en estas condiciones nacionales. Su madre dio a luz justo en la época en que el faraón decretó que todas las parteras hebreas tenían que matar a todos los varones de madres hebreas que nacieran en Egipto. La madre de Moisés decidió salvar su vida ocultándolo en una cesta que dejó flotando entre los juncos del Nilo. Su hermana quedó a cargo de observarlo y protegerlo de todo daño.

Un día, la hija del faraón junto con sus criadas se estaba bañando en el río cuando vio la cesta. Le pidió a una de sus criadas que la buscara y descubrió que Moisés estaba acostado en ella. De inmediato, su hermana intervino a su favor, ofreciendo los servicios de una mujer hebrea para criarlo hasta que creciera. La mujer, por supuesto, era la propia madre de Moisés. La hija del faraón accedió al plan y más tarde lo llevó a su casa y a la corte del faraón.

Las escrituras sólo dan un esbozo de sus primeros años, pero nos enteramos de que Moisés se crió como otros jóvenes en la casa del faraón. Lo apreciaban y estaba bien alimentado. Además, recibió una buena educación. En general, le dieron una vida con ricas promesas para el futuro en Egipto.

Sabemos que eso no ocurrió. Un día, Moisés vio como un egipcio golpeaba a un esclavo hebreo y, enfurecido, lo mató. Ocultó el cuerpo, pensando que nadie había visto lo ocurrido. Luego, cuando dos hebreos se estaban peleando, Moisés trató de intervenir. Uno lo desafió, preguntándolo si mataría a uno de ellos de la misma manera que había matado al egipcio. Moisés se dio cuenta de que su crimen era de conocimiento público y, para empeorar aún más las cosas, que el faraón se había enterado de ello y había emitido la orden de matarlo. Lleno de pánico, huyó al desierto de Madián.

Estos acontecimientos están registrados, rápidamente, en Éxodo, sin mucho detalle, para poder dar la verdadera historia. Esa historia involucra a Moisés, el faraón, los ejércitos, las plagas, las muertes y muchos otros acontecimientos que hacen que la historia de Moisés sea real e importante.

Como sea que entendamos el deseo de Moisés de ayudar a sus hermanos hebreos, el asesinar a un egipcio fue errado. Destruyó su futuro y seguridad y tuvo que huir al desierto, no para desarrollar su vida, sino simplemente para salvarla. Eran pocas sus opciones, muchos sus problemas y su futuro era sombrío.

Sin embargo, con el tiempo nos vamos a dar cuenta de que Dios tenía planes para él. Aquí surge una lección de buen liderazgo. *Nuestros fracasos personales no siempre indican el fin de nuestro liderazgo*. A pesar del asesinato que había cometido, Dios no había terminado con Moisés. Tenía una larga vida de aventuras por delante al servicio de Dios.

Moisés jamás lideraría en Egipto, pero Egipto no era el único lugar donde Dios necesitaba líderes. Como líderes cristianos, tenemos que recordar algunas cosas importantes, a saber:

1. Los líderes cometen errores, pecan, fracasan y pueden perder el rumbo. Estas cosas les ocurren a todos los líderes, incluso a aquellos hombres y mujeres que Dios llama para que realicen su obra.
2. Los líderes pueden ser eliminados de una tarea del Reino y ser usados por Dios en algo diferente. Ustedes pueden haber realizado algo que los llevó a perder lo que aman hacer para el Señor, pero Dios los va a usar si confían en él, se arrepienten de sus pecados y fracasos y lo buscan para servirle allí donde él los envíe, para hacer lo que él desea. El amar a Dios es lo primero; el servirle es lo siguiente.
3. Recuerden que el llamado de Dios es hacia él mismo. Lo que él los llama hacer primero viene después de su llamado a ingresar en una relación con él.
4. Los pecados, fracasos y temporadas de pérdidas son cosas que Dios usa para construir nuestra vida y carácter. Debemos concentrarnos en nuestra relación con él y nuestro liderazgo se fortalecerá durante esas épocas.

Nadie puede razonablemente sugerir que los pecados, fracasos y errores son buenos para nosotros. Se nos pueden perdonar nuestros pecados, pero las circunstancias creadas por esos pecados pueden permanecer con nosotros por el resto de nuestra vida. Pero mediante el perdón, podemos aprender de nuestros errores y nos podemos humillar delante del Señor, pidiéndole que nos restaure en su servicio. Puede cambiar el lugar de nuestro liderazgo, pero no nuestro llamado al liderazgo. Pueden cambiar las circunstancias del liderazgo, pero no nuestra utilidad a Dios.

Yo he experimentado este mismo principio de manera personal. De los pecados y errores que he cometido durante los cuarenta años de mi ministerio, he aprendido que aunque esos errores dañaron mi vida y mi liderazgo, al confesar mis pecados, Dios me restauró para que volviera a liderar a su pueblo.

LIDERAZGO DURANTE MUCHO TIEMPO

Muchos de nosotros estamos bajo tanta presión como líderes, que sólo tenemos una breve visión de nuestra vida y el tiempo que pasaremos liderando al pueblo de Dios. La razón por la que lleva tanto tiempo convertirse en un gran líder es que a Dios le lleva mucho tiempo obrar su voluntad en su pueblo. El pueblo de Dios, como sus líderes, no consiguen las cosas de entrada. Lleva tiempo. De hecho, el tiempo es uno de nuestros mejores recursos. Los líderes no crecen de la noche a la mañana. No es mucho lo que saben cuando comienzan. No han estado allí lo suficiente como para entender de qué se trata y cómo navegar por las vueltas de la vida, errores y desafíos, y ni que hablar de los encargos de la magnitud de Dios.

Cuando observamos la vida y obra de Moisés, nos da la impresión de que él, en su trayecto de liderazgo, ha pasado por cuatro etapas definidas. Cada etapa es diferente a las demás porque las circunstancias requieren un liderazgo diferente. Cada etapa se erige sobre la etapa anterior, a medida que el líder alcanza una mayor eficacia.

1. La primera etapa fue de orientación para comunicarle lo que Dios quería que hiciera. Moisés ve una zarza en llamas y, desde ella, el Señor le revela su plan para liberar a los israelitas del faraón y de Egipto. Moisés considera este anuncio con un interés renovado cuando

se entera de que Dios lo ha elegido como su líder y portavoz. Tiene que encargarse de este cambio radical en su vida.

2. La segunda etapa es una etapa de ensayo y error. En esta parte de su vida, Moisés se tiene que organizar y dirigir su mensaje a los israelitas y al faraón. Tiene que comenzar a hacer lo que Dios le ha ordenado. Sus esfuerzos iniciales no obtienen los mejores resultados. El faraón se burla de él y los israelitas lo ignoran.
3. La tercera etapa es cuando finalmente conduce al pueblo de Israel fuera de Egipto cruzando el Mar Rojo. Lo hace con éxito, pero ahora tiene que ocuparse de toda una nueva serie de problemas y circunstancias. Al enfrentar las nuevas exigencias, su liderazgo evoluciona y cambia.
4. La cuarta etapa es el capítulo final de la vida y el liderazgo de Moisés. Ha exitosamente sacado a los israelitas de la esclavitud, convirtiéndolos en una nación lista para ingresar a la Tierra Prometida. En esta etapa, su liderazgo se concentra en la preparación de la gente para que ingrese a la tierra y preparar a la siguiente generación de líderes para las tareas futuras.

COMIENZOS DEL LIDERAZGO

El liderazgo cristiano comienza con un llamado de Dios para unirnos a él en una tarea o movimiento. Puede ser un llamado a predicar, a enseñar o a comenzar un ministerio o una empresa. Generalmente involucra al menos lo siguiente:

- Un encuentro sorpresivo con el Señor: ¡como una zarza envuelta en llamas!
- Una crisis personal sobre lo que Dios quiere que hagamos: "¿Quieres que haga qué?"
- Una época intensa de lucha con Dios y su voluntad: "No creo que pueda hacerlo".
- Una entrega final a la voluntad de Dios y los primeros intentos de hacer lo que él ordena.

Desearía darles un principio clave del liderazgo que probablemente conozcan dado que ya son líderes. Es este: *Dios nunca nos llama a hacer cosas pequeñas.* Si así lo hiciera, lo haríamos sin pensarlo demasiado. Pero cuando Dios habla y se mueve, es siempre algo grande.

¿Pueden recordar cuándo fue la última vez que Dios les habló de lo que quería que ustedes hicieran? ¿Pueden acaso olvidarlo?

Cuando el Señor me llamó a predicar, yo tenía dieciséis años y era poco lo que sabía sobre las cosas del Reino. Sin embargo, tenía algunos sueños. Soñaba con ser un entrenador o quizás embarcarme en una carrera de abogacía. Pensaba ir a la universidad y luego quizás tomar cursos de posgrado para luego asentarme en una vida confortable. Imaginaba que me casaría y tendría hijos mientras que viviría cerca de mis padres y amigos en mi pueblo natal.

Una noche de enero, estaba acostado en la cama escuchando, como lo hacía todas las noches, una estación de radio lejana que tocaba mis canciones favoritas. En ese momento, el Señor me habló con toda claridad. No creo que haya sido de forma audible, pero lo escuché con toda nitidez en mi mente. Simplemente me dijo: "*Tú vas a predicar para mí*". Me quité el auricular y pensé en lo que acababa de ocurrir cuando volví a escuchar su voz que me decía nuevamente lo mismo. No sé qué experiencias puedan haber tenido ustedes a los dieciséis años, pero en mi caso, jamás me había ocurrido algo semejante.

Me puse a meditar sobre lo que había acabado de escuchar y de inmediato comencé a razonar con el Señor sobre lo que estaba dispuesto a hacer por él. Recuerdo prometerle (con verdadera sinceridad) que sería un director de escuela dominical aun cuando no tuviera idea de lo que eso significaba. O le prometí que sería un diácono e incluso un maestro de escuela dominical. Quizás le ofrecí mis servicios para otros cargos espirituales, pero estaba tan perturbado que no me puedo acordar qué más. Recuerdo que escuché la voz del Señor por tercera vez, no preguntando, no sugiriendo, no ofreciendo, sino declarando llanamente: "*Tú vas a predicar para mí*".

Es posible que ustedes piensen que el llamado a predicar no es mucha presión (salvo que ustedes lo hayan enfrentado), pero les prometo que para un joven de dieciséis años es más de lo que puede manejar. Yo estaba dispuesto a hacer cualquier cosa que me resultara cómoda. No estaba dispuesto a hacer nada que pareciera una tarea de la magnitud de Dios.

Años más tarde, cuando leo el relato de Moisés con los ojos de un siervo "llamado" por el Señor, aprecio sobremanera lo que él tuvo que padecer.

Estando allí, el ángel del Señor se le apareció entre las llamas de una zarza ardiente. Moisés notó que la zarza estaba envuelta en llamas, pero que no se consumía.
(Éxodo 3.2)

El llamado de Dios puede provenir, y a menudo lo hace, de los lugares más inesperados. Para Abraham fue una palabra; para Isaac, un sueño; para David, la unción de un profeta; para Isaías, una visión; para Ezequiel, un sueño; para Pedro, la orden de Cristo de seguirlo y, para Pablo, una experiencia enceguecedora en el camino hacia Damasco.

Por lo general, el llamado de Dios es verbal, específico y ¡aterrador! En el caso de Moisés, no hay duda de que él había visto zarzas envueltas en llamas debido a la combustión espontánea en el calor del desierto. Pero esta vez la zarza no se consumía. Seguía ardiendo y, desde su interior, una voz lo llamaba a Moisés por su nombre. "*Moisés, Moisés*", clamó la voz desde la zarza. Moisés simplemente respondió diciendo: "Aquí estoy". Más adelante, él volvería a escuchar palabras similares de Dios cuando se enteró de que la voz en la zarza era la voz del mismísimo Dios.

Moisés se acercó a la zarza. Dios le dice que se quite las sandalias, ya que el suelo que estaba pisando es santo. Luego Dios se identifica a sí mismo como el Dios de Abraham, Isaac y Jacob. Moisés está abrumado y oculta su rostro de semejante confrontación. Luego Dios le dice que ha visto la aflicción de los hebreos y ha venido a salvarlos. Estoy seguro de que, llegado este punto, Moisés debe haberse sentido mejor al escuchar que su pueblo sería liberado del poder del faraón. No sólo eso, sino además que sería llevado a "una tierra donde abundan la leche y la miel". ¡Qué noticias! Y Moisés, el hebreo, el pastor, el fugitivo, fue el primero en escucharlas.

Siempre me he preguntado si Moisés, cuando Dios le hablaba, habría comenzado a preguntarse por qué él, entre todos, estaba escuchando semejantes noticias de esa manera tan dramática. ¿Pensaría acaso que Dios le estaba informando esto para aliviar su temor de que el faraón lo buscara y encontrara? ¿Se imaginaría al principio que estaba soñando y que la zarza era un espejismo? En algún punto, ¿habría comenzado a darse cuenta de que estas buenas noticias venían con un "factor decisivo" oculto?

No sabemos qué era lo que Moisés pensaba en ese momento pero, finalmente, el Señor le dijo a Moisés que, a pesar de que liberaría a su pueblo, lo usaría a Moisés como su instrumento humano. Esas palabras deben haber sido escalofriantes:

Así que disponte a partir. Voy a enviarte al faraón para que saques de Egipto a los israelitas, que son mi pueblo. (Éxodo 3.10)

Estas palabras revelan verdades que todos los líderes de Dios reconocen o, a la larga, van a descubrir. Dios está constantemente obrando en este mundo para establecer los propósitos de su Reino y obra a través de los seres humanos para lograr esos propósitos.

Además, aun cuando muchos líderes tienen el deseo desesperado de que el Señor obre sus propósitos, rara vez se ven a sí mismos como parte de las soluciones que revela Dios. Además, es cierto que aun cuando la mayoría de los líderes del Reino desean liderar, rara vez imaginan liderar de la manera que Dios requiere. Tengo pocas dudas de que Moisés deseaba ayudar a su gente. Creo que las noticias del plan de Dios de liberar a los hebreos de Egipto le deben haber agradado. Pero cuando vemos su reacción ante las palabras de Dios, es evidente que él no se imaginaba ocupando el rol de libertador.

Para la mayoría de la gente (incluso líderes), el liderazgo es algo teórico y limitado. Los que lideramos, pensamos a menudo que nuestros sueños y visiones son grandiosos. Nos entusiasmamos cuando imaginamos lo que podemos hacer por el Señor. Parece tan real, tan osado y atractivo. Luego... Dios nos habla de sus planes y todo cambia rápidamente. Nuestra confianza en nosotros mismos se evapora, el miedo invade nuestra mente y, como Moisés, buscamos la manera de escapar al llamado de Dios.

UNA GRAN VISIÓN Y UN LÍDER RETICENTE

Con frecuencia escucho que los líderes cristianos hablan de visiones, sueños, estrategias y objetivos. Y, francamente, la mayoría de las veces me impresiona el tamaño, esfera y alcance de esos deseos. Generalmente, yo soy el único en la habitación que se siente inadecuado porque no tengo dichos planes. Sin embargo, cuando me alejo y pienso en lo que vi o escuché, me doy cuenta de que todas esas cosas son pequeñas comparadas con lo que Dios está haciendo en el mundo. La visión de Dios es usarnos para su grandeza. Alcanzar a todos con el Evangelio, evangelizarlos, discipular a los que él salva, plantar iglesias, comenzar movimientos del Reino, vencer el odio, las amenazas y dificultades mientras servimos a Dios.

Ninguno de los planes de Dios es pequeño, ninguno es menos que construir su Reino, vencer el mal y redimir a las personas. Dado lo que hoy enfrentamos en cada rincón de la tierra, esto parece una tarea de enormes proporciones. Pero nuestro deber no es crear visiones para Dios sino llevar a cabo la visión de Dios para el Reino.

Cuando Dios llama a un líder, lo llama para que realice tareas que sólo se pueden comprender a través de la fe y que sólo se pueden realizar con su poder y autoridad. El combatir al maligno, a los poderes, autoridades y potestades con *nuestros* planes y visiones equivale al fracaso. Si estamos contentos con hacer lo que podemos hacer, nunca veremos ni haremos lo que sólo Dios puede lograr.

Sea lo que sea que Dios nos llame a hacer, será algo formidable. Nos cortará la respiración porque nos daremos cuenta de inmediato de que no es posible lograrlo mediante nuestra propia fuerza.

A menudo pienso en Adoniram Judson, el primer misionero internacional americano. Era un hombre brillante y estaba concentrado en su objetivo como pocos. Cuando fue a Birmania con su esposa, recursos limitados y una Biblia, lo más probable era que fracasaría. Pero Dios lo había llamado a evangelizar a los birmanos y, a pesar de sus luchas, sufrimiento, torturas y dolor, él se quedó allí. Tradujo las Escrituras a su idioma, escribió su primer diccionario, llevó personas a Cristo y dejó un legado después de su muerte aún continúa. Recientemente, recibí una carta de su bisnieto felicitándonos por los cien años de nuestra iglesia. Cuando la leí, me maravilló el hecho de que un solo hombre que posee la visión de Dios para una nación puede hacer cosas asombrosas.

Dios sabe qué quiere que se haga, quién quiere que lo haga y cómo tiene que hacerse. Su visión, una vez expresada, puede atemorizarnos pero, mediante la fe, nadie puede detener nuestro cometido hasta que la logramos realizar.

MOISÉS, EL LÍDER RETICENTE

Las excusas que Moisés le da al Señor para explicarle por qué no puede sacar a los israelitas de Egipto son impagables. De hecho, me imagino que la mayoría de nosotros las usamos o usamos algunas parecidas en nuestro trayecto como líderes. Vamos a examinarlas para entender por qué no son realmente importantes para lo que Dios desea lograr a través de nosotros.

Primera excusa: Soy un don nadie.

Pero Moisés le dijo a Dios: "*¿Y quién soy yo para presentarme ante el faraón y sacar de Egipto a los israelitas?*" (Éxodo 3.11)

Cuando nos enfrentamos a una tarea de la magnitud de Dios, no tardamos en sentirnos inadecuados. La ineptitud que enfrentamos tiene diversas dimensiones. Una dimensión es moral. Cuando Isaías lo ve al Señor que lo llama a profetizar a la nación, él se declara impuro. Otra dimensión es la falta de experiencia como sintió Jeremías cuando Dios lo llamó. Amós se sintió inadecuado porque carecía de linaje profético. Pedro recordó su fracaso y pensó que quizás no lo amaba suficiente al Señor. Pablo se consideraba un nacido a destiempo y el menor de los apóstoles.

Cuanto más nos acercamos a la tarea que Dios tiene para nosotros, tanto más nos acercamos a Dios. La incompetencia no es sólo un sentimiento: es una realidad. No somos iguales a nuestro Señor. No somos capaces de hacer nada por él que él mismo no podría llevar a cabo si así lo deseara, u otra persona que él escogiera. Pero Dios se deleita en llamarnos y usarnos para lograr sus propósitos y revelar su gloria.

La respuesta de Dios le da fuerza y consuelo a Moisés. "*Yo estaré contigo*" (3.12). La realidad del llamado de Dios no es sólo la tarea. Es la relación que tenemos con él mientras realizamos la tarea. Dios le asegura a Moisés su presencia diciéndole que tendrá éxito y que un día va a rendirle culto en la misma montaña donde está parado.

En efecto, cuando Moisés dice: "*Soy un don nadie*", Dios le dice: "*Es posible que no seas nadie, pero yo soy alguien y yo iré contigo para realizar esta tarea*". El Dios del universo le habla a Moisés y va con él para logar la liberación de los hijos de Israel; no había ninguna duda de que así sería.

Segunda excusa: No sé lo suficiente.
Moisés se da cuenta de que está por arriesgar su vida para presentarse delante del faraón, pero además tiene que presentarse delante de los hebreos que no lo conocen. Se imagina que cuando les diga que "*El Dios de sus antepasados me ha enviado a ustedes*", ellos preguntarán cuál es su nombre. ¡Hasta ahora, Moisés está hablando con una zarza inidentificada! ¿Cuál es el nombre de Aquel que le habla de liberación? ¿Quién es el que le promete ir con él para realizar esa tarea? Él no lo conoce y no conoce su nombre. Si no puede revelar el nombre del que lo envía, entonces ¿cómo va a creer la gente lo que él les está diciendo? Una cosa es tener una experiencia con un Dios que nadie conoce; es otra tener la credibilidad de la gente a quien él nos envía a servir.

Dios revela su nombre como: "*YO SOY EL QUE SOY*" (3.14). Le dice a Moisés que cuando surja la pregunta, él tiene que decir: "YO SOY me ha enviado a ustedes". Ese nombre significa más de lo que sabremos jamás. Tiene dimensiones que no pueden ser comprendidas por la mente humana pero lo suficientemente simples como para asegurar a los líderes cristianos que el Señor será para nosotros todo lo que se requiera en cualquier etapa de nuestra vida. Cuanto más sea el tiempo que hayamos conocido al Señor, le hayamos servido y lo hayamos buscado, tanto mayor será el significado que tiene ese nombre.

Cuando Moisés declara desconocer a Aquel que le habla, dice en realidad: "*No sé lo suficiente*". Dios le responde: *"Es posible que tú no sepas lo suficiente, pero yo lo sé todo".*

Como líderes nos tiene que alentar la idea de que no tenemos que saberlo todo si Aquel que lo sabe todo va con nosotros, nos guía, nos fortalece y nos protege. Con

Dios, todo lo podemos. Al conocer a Dios, tenemos acceso a su sabiduría y conocimientos. Nuestra fe en él es la clave para liderar. La fe es nuestra confianza en que Dios hará lo que él dice que hará. Eso incluye el mostrarnos el camino y darnos el poder de llevar a cabo las tareas que nos encomienda.

Tercera excusa: Puedo fracasar.

Moisés le dice a Dios con toda honestidad cómo se siente. No desea asumir una responsabilidad y luego fracasar. Su pregunta es la que todos los líderes hacen en algún momento de su experiencia. "*¿Y qué hago si no me creen ni me hacen caso?*" (4.1). Moisés se pregunta si tendrá la habilidad de convencer a los israelitas de que ha escuchado a Dios y que ha sido nombrado como su líder para liberarlos. Es un miedo genuino porque todos los líderes se enfrentan a la misma pregunta cada vez que comienzan una tarea. ¿Me seguirá la gente? ¿Sé realmente lo que estoy haciendo? ¿Y si se niegan a escucharme?

Yo sé que a lo largo de mi vida me he enfrentado a esa clase de preguntas. Es una cuestión de autoridad, poder, integridad y misión. Los nuevos líderes siempre se enfrentan a estas preguntas cuando intentan comenzar su nuevo rol. Siempre existe la posibilidad de fracasar, pero cuando Dios llama a un líder, le da la fuerza necesaria para triunfar.

De hecho, de cara al temor de Moisés al fracaso, Dios le da el poder que avalará su autoridad. Efectivamente, Dios dice: "*Moisés, tú puedes fracasar, pero yo no*". Qué bendición al que es llamado y elegido por Dios para liderar.

Cuarta excusa: Tengo debilidades.

Moisés llega a su última excusa. Dios ha respondido a cada uno de sus temores y excusas y ahora emerge a la luz el miedo principal que lo preocupa a Moisés. Confiesa que no es un orador elocuente. De hecho, declara el problema específicamente cuando dice: "*Señor, yo nunca me he distinguido por mi facilidad de palabra. Y esto no es algo que haya comenzado ayer ni anteayer, ni hoy que te diriges a este servidor tuyo. Francamente, me cuesta mucho trabajo hablar*" (4.10). ¡Para un hombre que no está seguro de sí mismo cuando habla, Moisés es por cierto elocuente cuando le describe su problema a Dios!

Me gusta la manera en que Eugene Peterson interpreta las palabras de Moisés en *The Message [El mensaje]:*

> *Señor, por favor, no hablo bien. Nunca he manejado bien las palabras, ni antes ni después de que tú me hablaste. Tartamudeo y balbuceo.* (Éxodo 4.10 MSG)

Moisés se imagina que gran parte de su tarea será la de hablarle al faraón y al pueblo de Israel sobre las cosas que Dios está haciendo y que hará. Quizás ya está proyectando de antemano en su mente lo que será su primera reunión con el faraón. De pie delante de ese hombre importante y poderoso, él está rodeado de individuos poco amigables. Sus palabras salen con dificultad y, a medida que aumenta su nerviosismo, comienza a tartamudear. Pronto nadie puede entender lo que dice. Su autoridad está comprometida y la misión fracasa.

Dios lo reafirma a Moisés y le dice que su hermano Aarón lo acompañará en todo momento. Si él no puede hablar, Aarón estará allí para hablar por él. En efecto, Dios le da seguridad a Moisés de su éxito enviando a Aarón con él. Parece decirle: "*Moisés, tú tienes limitaciones e incapacidades, pero yo no. Soy perfecto y perfectamente capaz de liberar a mi pueblo del faraón*".

¿Puedo insertar aquí otro importante principio de liderazgo? *El llamado de Dios es generalmente algo que va más allá de nuestros antecedentes, experiencia, capacitación, talento, educación y nivel de confort.*

Piensen en toda la gente que usó Dios en las Escrituras para alcanzar sus objetivos y descubrirán que él no llamó y usó a los que tenían títulos universitarios, experiencia, capacitación o destrezas. Usó hombres y mujeres que tenían un corazón puro y que estaban a su disposición para lograr sus propósitos.

- Noé jamás había visto lluvia o un barco, pero construyó un arca.
- José no tenía ninguna capacitación para administrar una nación, pero lideró a Egipto.
- David no era más que un niño pastor, pero Dios lo ungió como rey.
- Isaías se sentía indigno (impuro), pero Dios lo envió como su mensajero.
- Jeremías sentía que era demasiado joven para ser un profeta, pero Dios lo llamó.
- Nehemías era un copero que reconstruyó los muros de Jerusalén.
- Juan el Bautista era un poco extraño, un individuo solitario que preparó el camino para Cristo.
- Pedro era un pescador, Mateo, un recaudador de impuestos, María Magdalena, una mujer oprimida y Pablo, un enemigo de Cristo y de la Iglesia. Pero Dios usó a cada uno de ellos para lograr sus propósitos.

Lo que somos en nuestra relación con Dios en Cristo es lo que determina cómo y dónde nos usará Dios. No hay nada de malo con una buena preparación, educación, experiencia y capacitación. Todas esas cosas contribuyen a nuestra vida. Pero Dios nos llama primero a acercarnos a él y a su justicia antes de enviarnos a lograr sus propósitos. *Lo que somos y cómo amamos y obedecemos al Señor es mucho más importante y útil para Dios que lo que seamos capaces de hacer.*

Años atrás, yo luchaba en un ministerio completamente fuera de mi nivel de confort. Yo soy esencialmente un pastor y un predicador, pero Dios me llevó a servir en una corporación cristiana durante trece años. En un momento particularmente difícil, un amigo en quien yo confiaba me dijo algo que nunca olvidaré. "*Gene*", me dijo, "*tú estás luchando por desarrollar tus habilidades y Dios está tratando de fortalecer tu carácter. Si le permites a Dios convertirte en la persona que él desea que tú seas, él te dará las aptitudes que necesitas para realizar tu tarea*".

Quedé pasmado ante la verdad que me había expresado y seguí su consejo. De hecho, durante los años que permanecí en mi cargo en esa corporación, mis mayores luchas siempre parecieron concentrarse en mi carácter y rara vez sentí una falta de destreza para realizar la tarea.

Si ustedes están luchando con la tarea que les ha encomendado Dios, recuerden que lo que él busca en las personas es verdad, integridad y la voluntad de confiar y obedecerle en todo. Dios no nos va a llamar a algo para lo que no nos haya equipado. Nunca olvidemos que es Dios quien hace lo que desea hacer. Lo hace a través de nosotros y con nosotros, pero es Dios el que decreta, determina y decide lo que ha de hacerse y de qué manera para lograr sus propósitos.

Por último, deseo que sepan que la tarea que Dios nos encomienda es exclusivamente nuestra. Podemos aprender de otros líderes pero, a la larga, tendremos que encontrar nuestro propio camino mediante nuestras propias luchas. La tarea a la que Dios nos llama es sólo nuestra. Ahora mismo, él nos está instruyendo para que sirvamos sus propósitos y, a pesar de nuestros temores y dudas, nosotros somos los que él ha llamado. Quizás sea a permanecer donde estamos aun cuando sea difícil hacerlo. Quizás nos aleje de lo que nos gusta o nos resulta cómodo hacer. Quizás nos pida sacrificar algo valioso y precioso. Quizás nos lleve por caminos apasionantes y peligrosos. Escuchemos su voz y confiemos en que él nos use de maneras que lo honren y nos bendigan.

Todos sentimos la presión de las tareas de la magnitud de Dios. La visión, la dedicación, el trabajo esforzado y los riesgos nos llevan a una verdadera evaluación de quiénes somos, lo que pensamos que son nuestras habilidades para lograr el éxito y lo que amenaza la posibilidad de completar nuestra tarea. Dios le dio a Moisés una enorme visión, una tarea colosal, y cuarenta años para lograrla. Nunca se olviden: *Lleva mucho tiempo convertirse en un gran líder.* Donde comenzamos y los elementos con los que comenzamos son sólo parte del trayecto. El tiempo que tardamos es importante pero eso también es sólo una parte de toda la ecuación del liderazgo. Cómo terminamos y en qué nos convertimos a lo largo de los años de nuestro liderazgo es la mejor medida final.

Capítulo dos

La obra del líder

Cuando Moisés emprendió la tarea que Dios le dio, su vida cambió inmensamente y de inmediato. Cambió de inmediato porque dejó el desierto que había sido su hogar durante los últimos cuarenta años para dirigirse a los israelitas. También iría múltiples veces al faraón para exigirle que liberara a los hebreos. Moisés no perdió el tiempo y fue a ver a su suegro, Jetro, al que le pidió permiso para regresar a su pueblo en Egipto. Jetro le dio permiso y su bendición. Moisés tomó a su esposa y a sus hijos y se marchó a Egipto. Cuando Dios habla, obedecemos de inmediato.

Además, en el corto período entre la experiencia con la zarza ardiente y su regreso a Egipto, Moisés experimentó un enorme cambio en su vida. Había sido un fugitivo, ocultándose en el desierto, pastoreando ovejas. Desde la seguridad de los lugares ocultos al lugar destacado en la corte del faraón, pronto se convirtió en el líder reconocido de miles de personas. Se lanzó al liderazgo y fue el portavoz de Dios ante el pueblo hebreo y la nación de Egipto.

Cada vez que leo esta historia, me sorprende el cambio que aportó Dios a la vida de Moisés y en el poco tiempo que le llevó hacerlo. Hay muy pocos hombres de ochenta años que experimentan jamás el ascenso "meteórico" que experimentó Moisés. Esto me recuerda otro principio clave del liderazgo: *La edad de una persona no determina lo que Dios puede hacer a través de él o de ella.* La edad es un factor, pero no es un factor determinante de lo que Dios está haciendo en la vida de una persona. Moisés tenía ochenta años, Aarón, su hermano, tenía ochenta y tres, pero David sólo tenía trece años cuando Dios lo llamó. No se preocupen de su edad o del "tiempo que les resta" para servir al Señor. Tan sólo embárquense en la tarea que Dios le has encomendado.

Cuando comienza a liderar, la curva de aprendizaje de Moisés es increíblemente empinada pero hay factores que lo ayudan a realizar su tarea. Nuestra cuidadosa atención a lo que Moisés experimentó nos será útil cuando tengamos que responder al llamado de Dios y cumplir con la tarea que nos ha encomendado.

EL PODER DE DIOS

Es obvio que los líderes necesitan poder. Sin poder no hay autoridad y sin autoridad no hay posibilidad de liderazgo. Aun cuando la autoridad sea el derecho a liderar, es el poder el que le permite a una persona liderar. Los expertos seculares en liderazgo lidian constantemente con la noción del poder. Muchos están convencidos de que los mejores líderes tienen fortaleza de carácter, son enérgicos en su toma de decisiones y dominantes en cualquier entorno. Otros piensan que un líder que colabora es mejor porque invita a todos a participar en sus tareas de liderazgo. Algunos favorecen a los grandes visionarios o quizás a los buenos comunicadores. Parece haber suficiente diversidad en organizaciones, iglesias, corporaciones y naciones como para ver cómo los diferentes estilos de liderazgo calzan mejor en situaciones que demandan diferentes virtudes en diferentes momentos.

Sin embargo, al final, si la persona en autoridad no tiene poder, él o ella no puede liderar. Es imposible. La comunicación de un líder, el poder de persuadir, la destreza para lograr que la gente cambie y la habilidad de revertir situaciones en declive dependen de la autoridad y el poder. Moisés lo sabía y Dios lo sabía cuando lo envió de regreso a Egipto. Dios le dio a Moisés el poder de realizar su tarea. Pero ese poder iba a ir más allá de lo que Moisés se imaginaba.

Dios manifiesta su poder a través de sus siervos para establecer la autoridad de ellos de manera que sus palabras tengan peso y eventualmente lo revelen a Dios mismo. Esta es la razón por la que Moisés tenía poder sobrenatural. Si hubiera ido a los israelitas y al faraón con palabras severas únicamente, ellos no habrían tardado en rechazarlo. Pero la manifestación de poder hizo que los hebreos creyeran y, a la larga, que el faraón los dejara ir.

Luego Moisés y Aarón reunieron a todos los ancianos israelitas, y Aarón, además de repetirles todo lo que el Señor le había dicho a Moisés, realizó también las señales a la vista del pueblo, con lo que el pueblo creyó. Y al oír que el Señor había estado pendiente de ellos y había visto su aflicción, los israelitas se inclinaron y adoraron al Señor. (Éxodo 4.29-31)

En esta reunión inicial, Aarón pronunció las palabras de Moisés y manifestó el poder de Moisés para mostrarle al pueblo su integridad en la tarea de liberarlos de la esclavitud. La gente vio las señales, escuchó las palabras y se inclinó para adorar a Dios. Desde ese momento en adelante, Moisés hablaría y llevaría a cabo milagros, estableciendo así la verdad de sus palabras y sus obras.

Aquí hay un patrón que se revela claramente en la vida de Cristo. Los Evangelios muestran en el ministerio temprano de Jesús que los milagros que él llevaba a cabo establecieron su autoridad para hablar y la integridad de su vida y su misión. En una instancia, Jesús exhorta a un paralítico a que tenga ánimo porque sus pecados fueron perdonados. Los maestros de la ley que lo escuchan de inmediato piensan que está blasfemando al actuar de esa manera, ya que Dios es el único que puede perdonar pecados. Jesús supo lo que estaban pensando y les dijo:

> *¿Qué es más fácil, decir: "Tus pecados quedan perdonados", o decir: "Levántate y anda"? Pues para que sepan que el Hijo del hombre tiene autoridad en la tierra para perdonar pecados —se dirigió entonces al paralítico—: Levántate, toma tu camilla y vete a tu casa.* (Mateo 9.5-8)

Mateo escribe que el paralítico se puso de pie y se fue a su casa y que la gente que vio lo ocurrido se "llenó de temor" porque Dios les había dado tal *autoridad* a los hombres. La manifestación de su poder hizo que sus palabras fueran significativas ya que el poder estableció su autoridad.

Moisés no fue diferente. Él no tenía ninguna autoridad hasta que manifestó el poder de Dios en su vida y a través de su vida. El poder de un líder es el poder de Dios en él, manifestado a través de él de manera tal que su autoridad, integridad y misión sean establecidas. Sin embargo, al final ocurre algo aún más importante: la gente comienza a confiar y servir a Dios en adoración y honor.

El poder que necesitamos en nuestra vida ya es nuestro. Tenemos un don del Padre a través de Jesús y es un don de poder.

Se me ha dado toda autoridad en el cielo y en la tierra. Por tanto, vayan y hagan discípulos de todas las naciones, bautizándolos en el nombre del Padre y del Hijo y del Espíritu Santo, enseñándoles a obedecer todo lo que les he mandado a ustedes. Y les aseguro que estaré con ustedes siempre, hasta el fin del mundo. (Mateo 28.18-20)

Lo que Jesús recibió del Padre, nos lo dio a nosotros, a saber: su autoridad para llevar a cabo sus propósitos.

Y yo le pediré al Padre, y él les dará otro Consolador para que los acompañe siempre: el Espíritu de verdad. (Juan 14.16-17)

La presencia del Espíritu Santo en nuestra vida equivale a su poder.

Pero cuando venga el Espíritu Santo sobre ustedes, recibirán poder y serán mis testigos tanto en Jerusalén como en toda Judea y Samaria, y hasta los confines de la tierra. (Hechos 1.8)

El llamado de Dios incluye el poder y la autoridad de Dios para hacer lo que él ordena. La fortaleza y el poder que Dios nos da provienen de nuestra relación con Cristo. Vivimos en él y disfrutamos de su fortaleza y del poder de su vida de resurrección. ¿Están preparados para otro principio clave de liderazgo? Aquí está: *El llamado de Dios viene con el poder y la autoridad que él nos da para ejercitarlo.* Cualquiera sea la tarea que nos encomiende

Dios o lo que estemos padeciendo en ese momento, ello incluye el poder y la autoridad para completar con éxito la tarea. El tiempo que lleva lograrlo y lo que tenemos que soportar es algo de lo que hablaremos más adelante. Por ahora, confiemos en lo que Dios nos ha dado para servirle.

RODEADOS DE LA GENTE ADECUADA

Moisés tenía la ayuda de un número de personas importantes. No podría haber hecho su tarea sin ellos, y ustedes tampoco. Es desafortunado cuando los líderes se concentran en sus tareas sin entender que necesitan a otras personas como ayuda. No existe ninguna tarea en el reino de Dios encomendada por él que no requiera a otros. Moisés estaba inicialmente aturdido por la empresa que le había dado Dios. Era una enorme tarea repleta de riesgos y desastres potenciales. Pero Moisés no estaba solo y no iba a realizar solo la tarea. Dios le había prometido que estaría con él y le había dado a Aarón como compañero, apoyo y portavoz cuando lo necesitara.

Es fácil pasar tiempo y energía bosquejando visiones, tareas, recursos que necesitamos, potenciales riesgos y lapsos de tiempo necesarios mientras que nos olvidamos del elemento crucial que es la gente. Cuando Dios nos llama a realizar una tarea, nos da la gente que necesitamos para triunfar. Quizás en un principio no podamos apreciar su valor, pero con el tiempo lo haremos. De hecho, es posible que tengamos que ir en busca de ellos, capacitarlos y liderarlos antes de que ellos nos puedan ayudar, pero allí estarán para ayudarnos según la voluntad de Dios y en el momento en que él lo determine.

Al principio, Moisés lo tenía a Aarón, luego lo ayudó su suegro Jetro y, por último, Josué fue su mano derecha cuando fue necesario. Sirviendo a Moisés, cada uno de estos hombres tenía un rol diferente, único y crucial que desempeñar en el servicio de Dios. Más adelante, Moisés se beneficiaría del talento de los artesanos que construyeron el tabernáculo, de los hombres que lo ayudaron a resolver las disputas entre la gente, y de los sacerdotes que tenían la responsabilidad de realizar los sacrificios. No se olviden de que siempre necesitamos gente que nos rodee para ayudarnos a cumplir nuestro llamado. No se desalienten si los que los ayudan no tienen las mismas ideas, pasiones y dones que ustedes para lo que Dios está haciendo. Cuando ustedes los ayudan mejorarse, ellos los ayudarán mejor.

Tenemos que aceptar este principio con fe, porque cuando comenzamos nuestro trayecto hacia un nuevo desafío, como líderes somos a menudo los únicos que sabemos lo que Dios quiere realizar. Si no tenemos cuidado, avanzaremos con mucha mayor velocidad que nuestra gente, incluyendo los que van a ayudarnos. Si nos alejamos demasiado del resto, avanzando más rápido que ellos, ¡nuestra caminata será larga y solitaria!

Oren por los que Dios va a usar para ayudarlos. Pasen tiempo con ellos descubriendo cómo sus dones, experiencias y pasiones se ajustan a los propósitos que Dios tiene para ustedes y su pueblo. Compartan con claridad lo que Dios les está pidiendo que hagan y relátenles cómo está creciendo su fe mientras se preparan para cumplir la tarea que Dios les ha encomendado. Identifiquen sus debilidades y busquen entre los que los rodean quién puede fortalecerlos. Díganles que necesitan su ayuda, contribución y ardua tarea.

Aquí veo otro principio clave de liderazgo: *Sólo podemos liderar y trabajar con la gente que tenemos ahora.* Es posible que vengan otros más adelante, pero tenemos que trabajar con los que tenemos ahora. Moisés no era perfecto, como tampoco lo eran los que lo ayudaban, pero juntos hicieron increíbles hazañas históricas y espirituales que aún siguen siendo hoy algunos de los acontecimientos más grandes de la historia.

LA LABOR DEL LÍDER ESPIRITUAL

No importa cuál sea la tarea, labor o misión Dios les haya encomendado, cuesta trabajo hacerla. Determinar cómo lograr lo que Dios nos ha ordenado hacer es siempre un desafío. Tengo un amigo pastor que confiesa vivir en un eterno dilema sobre cómo hacer su trabajo. Dice que cuando está estudiando, se pregunta si tendría que estar en la oficina haciendo tareas administrativas. Confiesa que cuando está visitando a los miembros de su congregación en el hospital, se pregunta si tendría que estar pasando tiempo con sus hijos y su esposa.

Supongo que esa clase de asuntos siempre serán parte del dilema de un líder, pero aquí hay algunos principios de trabajo reflejados en la vida de Moisés que son de utilidad. Sus primeros días liderando a los israelitas en el desierto no fueron fáciles ni efectivos. De hecho, cuando su suegro Jetro vino a visitarlo, Moisés estaba en medio de un atolladero de liderazgo. Ese encuentro está registrado en Éxodo 18. Jetro le lleva a Moisés su esposa y familia y se alegra cuando Moisés le relata sobre la liberación de Egipto.

Al día siguiente, Jetro observó cómo Moisés ocupaba su lugar como juez del pueblo. Se desempeñaba correctamente, pero lo hizo desde la mañana hasta la noche (18.13). Jetro le preguntó a Moisés qué es lo que estaba haciendo y Moisés le respondió que la gente venía a verlo para consultar a Dios y que él dictaba sentencia cuando había un problema entre dos partes. Las palabras de Jetro a Moisés tenían discernimiento:

No está bien lo que estás haciendo, pues te cansas tú y se cansa la gente que te acompaña. La tarea es demasiado pesada para ti; no la puedes desempeñar tú solo. (Éxodo 18.17-18)

Ya hemos visto que los líderes necesitan a otros a su alrededor. Jetro entendió perfectamente lo que le estaba pasando a Moisés. Estaba trabajando arduamente, pero sin eficacia. Era un líder en desarrollo haciendo todo lo posible para ocuparse de las preocupaciones y necesidades de la gente. Era su responsabilidad, pero no su tarea. Me recuerda lo que los apóstoles le dijeron a la gente cuando no se estaban satisfaciendo algunas de las necesidades de las viudas de Grecia.

No está bien que nosotros los apóstoles descuidemos el ministerio de la palabra de Dios para servir las mesas. Hermanos, escojan de entre ustedes a siete hombres de buena reputación, llenos del Espíritu y de sabiduría, para encargarles esta responsabilidad. Así nosotros nos dedicaremos de lleno a la oración y al ministerio de la palabra. (Hechos 6.2-4)

No dijeron que servir las mesas no tuviera importancia o que ellos fueran personas demasiado importantes como para hacerlo. No transfirieron a otros la responsabilidad de ocuparse de las viudas. Ellos asumieron la responsabilidad de esa necesidad al mismo tiempo que se concentraban en su llamado y tarea.

De la misma manera, Moisés cargaba con la responsabilidad de todos y de todas las necesidades de cada persona que integraba el pueblo de Israel. Pero la responsabilidad por todo no es lo mismo que hacerlo todo. En mi opinión, el consejo de Jetro es uno de los mejores discursos de liderazgo jamás escrito. En general, Jetro le dice a Moisés que interceda por su gente, que les enseñe lo que necesitan saber, que les muestre lo que desea que hagan y que, por último, se multiplique nombrando a otros que lo ayuden.

Específicamente, le da algunas magníficas ideas sobre cómo debe realizar un líder su tarea. Observemos lo que le dijo para extraer algunos principios espirituales de liderazgo que realmente funcionan.

Oyente

Oye bien el consejo que voy a darte, y que Dios te ayude.

(Éxodo 18.19)

Los líderes hablan. Es un hecho de que estamos siempre hablando sobre algo, a alguien, por diversas razones. Predicamos y presentamos, enseñamos y testificamos, aconsejamos y consolamos, explicamos y alentamos... bueno, ustedes saben lo que quiero decir. Pero muchos líderes no son buenos oyentes.

¿Puedo confesarles algo que mi esposa, mi familia y otra gente ya sabe pero rara vez menciona? No soy un buen oyente. Yo solía pensar que tenía algo que ver con mi personalidad o con mi mente, rápida pero ausente. Tengo la capacidad de mirar a la gente a los ojos mientras que casi no presto ninguna atención a lo que dicen, ya que mi mente está a mil kilómetros de distancia. Me gustaría pensar que el realizar múltiples tareas a la vez es un arte, pero en realidad es mal liderazgo, además de mala educación.

¿Por qué no escuchamos? Podría ser el orgullo de negarnos a creer que otros sepan tanto como nosotros. ¿Es acaso el temor a que si admitimos que no sabemos algo o que existe una mejor manera de hacer las cosas demostramos debilidad o incompetencia? ¿Es que tenemos tantas exigencias sobre nuestros hombros que nos damos cuenta de que no tenemos la capacidad de recibir otro problema o sugerencia?

El escuchar comienza con la humildad de darnos cuenta de que, aun cuando tengamos las responsabilidades propias del liderazgo, quizás nos falte la destreza, los recursos y la experiencia para ser eficaces. Por cierto, Moisés tenía el potencial de convertirse en un gran líder, pero no tenía experiencia, lo cual se demostró cuando quiso hacer demasiadas cosas por su cuenta.

El escuchar es también un talento que podemos desarrollar. Cualquier líder puede convertirse en un buen oyente. Escuchar bien nos ayuda a obtener informaciones cruciales, entender los asuntos a los que nos enfrentamos, aprender las cosas que necesitamos para ser eficaces y, en general, disfrutar nuestra conversación con los demás. Muchos líderes están preocupados con otras cosas y no escuchan bien. ¿Han hablado alguna vez con alguien en una convención o reunión que, en vez de mirarlos a ustedes, mira por encima de su hombro al resto de la gente? Cuando me pasa, me hace sentir pequeño y sin importancia.

A veces no escuchamos porque estamos más interesados en nuestras propias opiniones e ideas que las del que habla. Con demasiada frecuencia me encuentro en esa categoría cuando escucho las palabras que alguien está diciendo, pero los estoy evaluando como persona, preparando una respuesta a lo que se dice antes de que la persona termine, o juzgando y pensando en la refutación que voy a ofrecer.

El faraón no lo escuchó a Moisés y eso le costó un alto precio a él y a su nación. La gente en los días de Noé se negó a escuchar y murió. Los líderes espirituales les prestan atención a la sabiduría y la verdad que les es dada. La escuchan, procesan y aplican.

Moisés atendió a la voz de su suegro y siguió sus sugerencias. (18.24)

¡Vaya! Moisés podría haberle dicho a Jetro: "*Gracias por tu consejo, pero tú no has estado jamás en este cargo. Tú eres un hombre de éxito y aprecio tu opinión, pero yo estoy liderando a miles de personas y no creo que tú lo puedas realmente entender*". Moisés no dijo eso, sino que actuó con sabiduría siguiendo el sano consejo que le ofreció Jetro. Quizás se sorprenderían de los buenos consejos que pueden darles alguien que sabe poco o nada de lo que ustedes hacen. No sean demasiado orgullosos, o estén demasiado atareados o molestos como para escuchar a la siguiente persona mayor, o joven o miembro de su familia que se preocupa lo suficiente como para tratar de ayudarlos.

Después de que mi padre se jubiló, se fue a trabajar a Wal-Mart como la persona que les da la bienvenida a los clientes. Como viudo, mi padre estaba buscando algo para hacer que lo pusiera en contacto con la gente. Le encantaba hacerlo y todos los días se dirigía fielmente a su trabajo, feliz de ver a todos los que entraban en la tienda. Allí trabajó durante diez años hasta que falleció. En su funeral, conocí al gerente de la tienda que me dijo que él y mi padre se encontraban temprano en la mañana en un lugar tranquilo de la tienda. Me dijo que hablaban sobre el trabajo y de cómo podía llegar a ser él un mejor gerente. "Su padre me ayudó con buenos consejos y sabiduría.

En gran medida, hoy soy lo que soy gracias el tiempo que pasé escuchándolo", me dijo.

Por supuesto, eso ayudó a aliviar el dolor de mi pérdida pero además me dio una buena impresión sobre el gerente. *Los buenos líderes mejoran al escuchar la sabiduría y verdad de los demás.*

Campeón

Tú debes representar al pueblo ante Dios y presentarle los problemas que ellos tienen. (Éxodo 18.19)

Jetro le dijo a Moisés que fuera delante del Señor en el nombre de la gente. Necesitaban que él los representara a ellos y sus necesidades delante del Señor. Ese consejo es más relevante de lo que parece. Moisés era el único en esa época que había hablado con el Señor. Lo conocía y sabía que planes tenía para la nación, pero la gente había vivido en esclavitud durante cuatrocientos años. Lo que sabían acerca del Señor provenía de los recuerdos de Abraham, Isaac, Jacob y José. Las escrituras guardan silencio sobre su fe, culto o conocimiento de Dios. Su herencia estaba llena de revelaciones y promesas de pacto, pero habían estado muchos años alejados de Canaán y de las promesas que Dios les había hecho a los patriarcas.

Moisés había estado en un diálogo constante con Dios. Lo conocía no sólo como El Shaddai, sino también como Jehová (Éxodo 3.1). Dios le había hablado directamente sobre las promesas de su pacto hechas a Abraham, Isaac y Jacob y su venida para cumplir esas promesas para el pueblo de Israel y en ellos. La gente necesitaba un portavoz, alguien que hablara en el nombre de Dios a la gente, y a Dios en nombre de la gente.

La gente necesitaba también un mediador que intercediera por sus pecados y necesidades. Alguien del pueblo que representara al pueblo tenía que ir delante del Señor y alguien del Señor tenía que ir delante del pueblo. La distancia entre Dios y su pueblo en ese momento era considerable y Moisés zanjó la brecha.

Moisés hizo lo que Jetro le había aconsejado. Cuando fue a la montaña de Dios para recibir los Diez Mandamientos, el pueblo, liderado por Aarón, fabricó un becerro de oro para adorarlo diciendo: "*Israel, ¡aquí tienes a tu dios que te sacó de Egipto!*" (32.4). Aarón siguió las instrucciones del pueblo y construyó un altar para el sacrificio del día siguiente. Dios le dijo a Moisés que bajara de la montaña y viera a la gente que se había "*corrompido*" apartándose del camino que Dios les había ordenado.

El Señor entonces emitió este juicio escalofriante:

Ya me he dado cuenta de que éste es un pueblo terco. Tú no te metas. Yo voy a descargar mi ira sobre ellos, y los voy a destruir. Pero de ti haré una gran nación. (Éxodo 32.9-10)

La respuesta inmediata de Moisés al Señor fue suplicarle su misericordia y pedirle que no destruyera al pueblo. No los disculpó por sus acciones, pero le pidió a Dios en nombre de ellos que los perdonara. Su súplica se basaba en las promesas que el Señor les había dado a Abraham, Isaac e Israel de que los multiplicaría como las estrellas en los cielos y que les daría la Tierra Prometida. Moisés alegó las promesas de Dios para los israelitas.

Entonces el Señor se calmó y desistió de hacerle a su pueblo el daño que le había sentenciado. (Éxodo 32.14)

Cuando miramos a los israelitas de cerca vemos un pueblo a menudo infiel, obstinado, poco amable, rebelde, temeroso y decepcionante. Cuando los doce espías vuelven de su misión y le informan a Moisés y al pueblo lo que habían visto, los israelitas se llenaron de temor y se negaron a ingresar a la tierra. Comenzaron un movimiento para regresar a Egipto:

Aquella noche toda la comunidad israelita se puso a gritar y a llorar... unos a otros se decían: "¡Escojamos un cabecilla que nos lleve a Egipto!". (Números 14.1, 4)

Moisés, Aarón, Josué y Caleb trataron todos de razonar con el pueblo y los exhortaron a confiar en que el Señor los llevaría de manera segura a la tierra, pero ellos no quisieron escuchar. Luego el escenario se tornó en algo horrible.

Pero... toda la congregación hablaba de apedrearlos. (Números 14.10)

Dios declara que ya está cansado de su falta de fidelidad y de sus quejas. Promete destruirlos, pero una vez más Moisés intercede a su favor. Reconoce sus pecados y aprueba la disciplina de Dios, pero le pide que perdone a la nación.

Por tu gran amor, te suplico que perdones la maldad de este pueblo, tal como lo has venido perdonando desde que salió de Egipto. (Números 14.19)

No hace mucho tiempo, en un viaje a las tierras bíblicas, me detuve y miré por encima de un cerco que separa a Israel de Egipto en la zona de Cades Barnea. Es una zona alejada en un desierto. Casi nada crece allí y puedo imaginarme el temor de los israelitas sobre su futuro y el consuelo en su pasado mientras los espías les daban su informe. Pero su temor se convirtió en rebelión y el Señor ya había tenido suficiente. Sin embargo, Moisés intercedió. No se lo merecían, no lo habían solicitado, pero lo hizo de todas maneras. Siguió el consejo de Jetro.

Es posible que la gente que lideren hoy los decepcionen. Tal vez desearían que fueran más fieles, respetuosos y serviciales. Quizás se pregunten si ellos se dan cuenta de lo que ustedes están tratando de ayudarlos a ser y hacer para el Señor. A cada paso, quizás los hayan visto darles la espalda a su liderazgo y a la voluntad de Dios. Todas las mañanas, ustedes miran la puerta de entrada de su casa preguntándose si alguien habrá escrito "*Icabod*" sobre ella.

Ustedes están exhaustos de liderarlos. Ya no tienen más ideas sobre cómo motivarlos o convencerlos de la verdad. Le han pedido repetidamente a Dios que los deje irse y se han preguntado si él habrá escuchados sus súplicas. Yo he estado en ese lugar y he sentido desaliento y rechazo tan severos que lo único que quería era acostarme solo en un cuarto en la oscuridad.

¿La gente de ustedes no es peor que los israelitas, no es cierto? Todavía necesitan un líder que vaya delante de Dios en su nombre y le pida que tenga misericordia de ellos. Todavía necesitan una visión de Dios, una palabra de Dios, y un camino marcado. Moisés nos muestra que los buenos líderes son buenos aunque la gente no lo sea. Ustedes no tienen que fingir que las cosas están bien cuando no lo están. Pero intercedan por ellos. Oren hasta que el Señor se incline a bendecirlos. Sean el conducto de esas bendiciones. No pierdan su confianza en ellos. Son el pueblo de Dios y ustedes son parte de la obra de Dios haciendo que la gente sea y haga más de lo que jamás se imaginaron.

De Moisés aprendemos que *los grandes líderes nunca pierden la fe en su gente*. Por supuesto, esto es más fácil decirlo que hacerlo, pero los líderes desarrollan a la gente. Los hacen hacer lo que comúnmente nunca harían y los llevan a convertirse en lo que jamás se habrían imaginado llegar a ser. Dios nos llama a él y nos envía a su pueblo para capacitarlo, servirlo, protegerlo y desarrollarlo en verdaderos hijos de Dios.

Maestro

A ellos los debes instruir en las leyes y en las enseñanzas de Dios.

(Éxodo 18.20)

Cada líder es un maestro y es responsable de enseñar a la gente en su organización. Enseñar incluye dar información, desafiar las suposiciones, presentar verdades que transforman y abrir las puertas para el aprendizaje. Jetro vio cómo Moisés dictaba sentencia para la gente y les explicaba las verdades de Dios. Sabía que ellos mismos necesitaban conocer esas leyes para vivirlas y experimentar las bendiciones de Dios. Pero Moisés no podía vivir sus vidas en su lugar. Ellos necesitaban que les enseñara las leyes, estatutos y caminos de Dios.

A menudo, un líder es el primero en escuchar a Dios y recibir el plan o visión de Dios para su pueblo. Con frecuencia, este es un asunto de desarrollar esos planes o visiones para luego comunicárselos a los que lo siguen. La enseñanza es un elemento crucial, ya que por medio de ella comunicamos información, inspiración, verdad, una nueva comprensión de la verdad y muchas otras cosas. Sin embargo, en general, la enseñanza es necesaria porque la gente no siempre comprende lo que Dios está haciendo y lo que quiere que se haga. Un líder pasa tiempo con el Señor y como resultado vienen ideas, direcciones nuevas, soluciones a asuntos a los que se enfrenta y avances hacia nuevas experiencias.

Jetro tuvo la sabiduría de aconsejarle a Moisés que enseñara a la gente los estatutos de Dios. Sabía que cuando lo hiciera, profundizaría su comprensión de lo que enseñaba, afirmaría lo que Dios estaba diciendo y establecería credibilidad con los israelitas. Si enseñamos algo correctamente, quiere decir que hemos dominado el tema y que el tema nos domina a nosotros. Es importante tomarnos el tiempo necesario para prepararnos pensando en lo que queremos decir y creando cuidadosamente maneras en que nuestros oyentes puedan entendernos. Además, tenemos que presentar nuestro mensaje con tal claridad que nadie nos malentienda (esto no quiere decir que todos lo acepten) y entender cómo deben recibirlo y aplicarlo a sus vidas.

Mi hija es maestra de la escuela intermedia. Lo hace muy bien y disfruta a sus alumnos. Una tarde, uno de sus profesores del colegio secundario llamó a mi casa para hablar con ella. Mi hija había salido y cuando ofrecí tomar un mensaje, el profesor me dijo algo sobre la enseñanza que nunca olvidaré. Me habló sobre mi hija, quien había hecho su práctica como maestra bajo su supervisión. Él dijo que hay tres clases de maestros. Un tipo enseña por el dinero y se jubila lo antes posible. El siguiente tipo ha dominado un tema y desea presentar lo que ha descubierto sobre ese tema. El tercer tipo, concluyó, es la persona profundamente interesada en el bienestar, aprendizaje y desarrollo de sus alumnos. Los maestros en esta categoría dominan sus temas teniendo en cuenta a sus alumnos. Él dijo que mi hija pertenecía sin duda a esta tercera categoría. Todavía me lleno de orgullo cuando pienso lo que él me dijo sobre ella.

Los líderes son maestros y ellos también caen en tres categorías similares a esas. Algunos líderes disfrutan de su posición y esperan que la gente los respete, pase lo que pase. Por lo general, son malos comunicadores y tienen poco interés en enseñarle algo a la gente. Una segunda clase de líderes son lo que le enseñan a su gente, pero sólo ofrecen la información o temas necesarios. El objetivo de estos maestros reside en lo que se necesita enseñar. Cuando completa la tarea, pasa a otra sesión sobre otro tema. El mejor líder, sin embargo, enseña para transformar a la gente. Los conoce y conoce sus necesidades. Va delante de Dios en representación de ellos, buscando lo que Dios tiene para ellos. Luego toma esas verdades y prepara sus mensajes para satisfacer sus necesidades y cambiar su vida.

El enseñar es más que un cargo y más que comunicar información. Es tener amor por Dios, su obra y su gente. Es desarrollar a las personas según la verdad de Dios y el plan de Dios para su pueblo. Los líderes que enseñan tienen el enorme poder de cambiar la vida de las personas. *Los grandes líderes enseñan para transformar a la gente.*

Modelo

Jetro continuó dándole consejos a Moisés instándolo a "*darles a conocer la conducta que deben llevar y las obligaciones que deben cumplir*" (18.20).

En otro capítulo observaremos la relación del líder con su gente. Esto parece como un consejo sobre cómo desarrollar relaciones, pero no lo es. Jetro está esbozando la tarea de Moisés al liderar a los israelitas a su nuevo hogar. En realidad, él está ofreciendo una tarea de liderazgo y una fortaleza que es bastante antigua y que se usa todos los días alrededor del mundo. Gran parte de nuestro aprendizaje es intuitivo en el sentido que presentimos lo que ha de hacerse y cómo lo tenemos que hacer. Cuando se nos muestra cómo hacerlo, aprendemos las tareas muy rápidamente.

Los israelitas no sólo necesitaban conocer al Señor y sus leyes y su voluntad para sus vidas, sino que también necesitaban saber cómo vivir de una manera que lo complaciera.

Vivimos en una época en la que la mayoría de la gente cree ser personalmente responsable de determinar lo que creen y cómo eligen vivir. Las Escrituras presentan una visión bastante diferente. Claramente muestran que el pecado nos ha separado del Señor y nos ha quitado la capacidad de saber y hacer lo correcto delante de Dios. Necesitamos que se nos enseñe qué camino tomar para seguir a Dios. Isaías lo dijo correctamente cuando escribió:

"Porque mis pensamientos no son los de ustedes, ni sus caminos son los míos", afirma el Señor. (Isaías 55.8*)*

El predicador en los proverbios lo afirma con aún mayor firmeza cuando escribe:

Hay caminos que al hombre le parecen rectos, pero que acaban por ser caminos de muerte. (Proverbios 14.12)

Los líderes tienen gran poder para influenciar a la gente, pero ningún poder es mayor que el que ellos modelan. Pienso que el método de Jesús es la mejor manera de enseñar o discipular a la gente y de transformarla en seguidores absolutos del Señor. El método de Jesús era simple, pero efectivo.

- Les hablaba a los discípulos sobre temas como el reino o la evangelización.
- Les demostraba cómo hacer lo que él les estaba enseñando.
- Los involucraba cuando estaban haciendo una tarea con él.
- Los observaba o los enviaba a hacer lo que él les había enseñado.

- Los enviaba solos para que hicieran lo que él les había ordenado.

Probablemente, este método sea la manera en que sus padres les enseñaron a atarse los cordones de los zapatos o a cepillarse los dientes. Es posible que les hayan enseñado a atarse los cordones hablando primero de ello. Luego los observaron cuidadosamente mientras ustedes ataban los dos cordones juntos. Un día, ustedes tomaron los cordones y con sus manos sobre las de ustedes, ataron los cordones hasta formar un moño. Por último, ustedes ataron el primer moño mientras ellos los observaban para asegurarse de que los cordones estuvieran ajustados y no se desataran. Después de observarlos algunas veces, les permitieron que ustedes lo hicieran solos y, desde ese momento, ustedes se han atado los cordones a la perfección.

Jetro le aconsejó a Moisés que obedeciera los estatutos de Dios y que les mostrara a la gente la tarea que se les había encomendado. En este caso específico, él se estaba refiriendo a juzgar las disputas de la gente. Los que él nombraría como jueces lo observarían vivir y juzgar y sabrían exactamente lo que debían hacer cuando juzgaban. Esto aseguraría que hubiera coherencia entre los jueces, así como coherencia en la obediencia a las leyes de Dios, complaciendo así a Dios.

Tomen un momento

Si ustedes están leyendo este libro como leo yo la mayoría de los libros, están avanzando rápidamente por el material subrayando lo que les parece importante y echándole sólo un vistazo a lo demás. Sé que están ocupados, pero los aliento a que se tomen un momento y piensen sobre cómo modelar las verdades de Dios y cómo trabajar delante de la gente que lideran. Si ustedes pastorean o son parte del personal de una iglesia, piensen en los que sirven todas las semanas. Si lideran una organización, consideren la importancia de su vida en las vidas de las personas bajo su liderazgo. El líder que modela a Cristo delante de la gente tiene un enorme poder e influencia.

Piensen qué es lo que quieren de la gente. ¿Desean verlos transformados? ¿Tienen la esperanza de ver cómo aplican lo que Dios les está mostrando para ellos? Luego evalúen su propia vida y su práctica de estas cosas.

Dejen que les dé un ejemplo común pero negativo. Hace algunos años, yo hablé con un pastor que estaba afligido porque su iglesia no era sana. Me habló sobre el bajo nivel de vida espiritual entre su gente, su falta de interés en los demás y la ausencia de evangelización en la iglesia. Admitió que daban generosamente a las misiones y a las personas con carencia, pero que no podían alcanzar eficazmente a los demás.

Me preguntó si estaba dispuesto a venir y predicar un fin de semana. Yo acepté. Llegué un viernes y hablé con algunos de los hombres que se reunían regularmente para comunión e inspiración. El sábado, me reuní con algunos de los líderes de la iglesia para el almuerzo y, a la noche, cené con otros líderes más. El domingo a la mañana, prediqué y el domingo por la noche disfrutamos de una reunión después del culto vespertino. Al final del fin de semana, saqué la conclusión de que su evaluación de la iglesia era correcta. No eran particularmente amistosos y hablaban sobre todo de sus vidas atareadas. En todo el fin de semana, nadie había hecho ninguna mención de la evangelización, discipulado o ministerio.

Sin embargo, lo que más me sorprendió es que el pastor tampoco había mencionado esas cosas. Apenas les hablaba a la gente. Cuando estábamos comiendo, hubo varios silencios muy incómodos. Era obvio que no conocía a la gente, aun cuando había estado allí casi seis años. Le pregunté sobre su vida de devoción y sus hábitos de estudio, incluyendo lo que estaba leyendo y lo que Dios le estaba revelando. Me confesó que no tenía devociones privadas y enfatizó que estaba demasiado ocupado para leer. Incluso se irritó cuando le pregunté si le había testimoniado a alguien o llevado a alguien a la fe en Cristo últimamente. La imagen es clara, ¿no es cierto? Aquí emerge otro principio clave del liderazgo. *No podemos llevar a la gente adonde no hemos ido o no estamos dispuestos a ir.* En pocas palabras, si nosotros no lo hacemos, ¡ellos tampoco lo harán! Si ustedes no testifican, su gente tampoco lo hará. Si ustedes no son amistosos, ellos tampoco lo serán. No podemos cambiarlos o desafiarlos a hacer lo que nosotros nos negamos a hacer.

Tengo que confesar otra cosa más. Soy un total introvertido. Ahora mucha gente que me conoce simplemente no me cree cuando lo digo, pero es cierto. Nací con una timidez innata que hace que me resulte casi insoportable ingresar en situaciones nuevas o conocer gente nueva. Yo soy la persona que se sienta sola en un remoto rincón del restaurante con un libro o revista, completamente feliz.

Cuando estoy con amigos y familiares que conozco y en los que confío, no soy así, pero los extraños son todo un desafío. Sin embargo, he aprendido que a pesar de que mi personalidad sea algo diferente, no tengo que realmente *actuar* con timidez o retirarme cuando estoy con la gente. De hecho, a lo largo de los años he simplemente ignorado mi introversión y me he convertido en una persona amigable. Realmente me gusta la gente, así que un día decidí mostrarlo. Yo disfruto de la evangelización personal de modo que comparto mi fe lo más que puedo, a pesar de cualquier renuencia personal que pueda tener.

Sin embargo, lo más importante de todo es que sé la manera en que vivo confirma lo que digo y lo que le predico a mi gente. Yo, como ustedes, tengo mis batallas con el pecado, Satanás y la carne, pero sé que mi vida es una influencia tan poderosa como mis palabras.

La mejor manera de conseguir que alguien haga algo es convenciéndolo de que es importante, mostrándole cómo hacerlo, ayudándole a aprender a hacerlo y liberándolo para que lo haga.

Examinen sus vidas con honestidad para ver si existen áreas en las que no están modelando con consistencia a sus cónyuges, hijos y otras personas. Cambien lo que tengan que cambiar y, con la ayuda de Dios, comiencen a ayudar a la gente a cambiar su propia vida.

Supervisor

El consejo final de Jetro a Moisés fue que eligiera a las personas adecuadas para que lo ayudaran, que les diera la libertad necesaria para hacer su trabajo y que supervisara su progreso. La tarea de un líder es simplemente tomar una gran idea, tal como una visión estratégica, y transformarla en una realidad. Esto sólo puede hacerse a través de los demás, salvo que la empresa, organización o entidad sea tan pequeña que una sola persona *puede* hacerlo sola.

Moisés lideró a miles de personas, con millones de necesidades, durante cuarenta años en el desierto. Allí sólo recibían los alimentos para ese día y sólo había agua cuando realmente la necesitaban. Su lista diaria tiene que haber sido impresionante: dar de comer a la gente, tomar la decisión de qué camino tomar ese día, amenazas a la seguridad, construcción del tabernáculo, enseñar, reunirse con el Señor, juzgar las disputas, pasar tiempo con su familia, tener tiempo para anotar todas las leyes que Dios le estaba dando, y quién sabe qué más. Moisés tenía que trabajar con su gente para poder, a través de ellos, llevar a cabo sus tareas.

Echemos un vistazo a las sugerencias que Jetro le hizo a Moisés para supervisar la labor de los jueces.

ELEGIR LA GENTE CORRECTA

La decisión más importante que hacemos como líderes es elegir las personas adecuadas para ayudarnos y para ayudar a nuestra iglesia u organización. Dado que la mayoría de nuestros problemas son problemas con la gente, nosotros los líderes tenemos que escoger cuidadosamente a los que nos van a ayudar. A menudo sentimos presiones de tiempo y de la falta de recursos y ponemos a la gente en lugares donde probablemente van a fracasar. Cuando ellos fracasan, nosotros fracasamos y se entorpece la obra de Dios. Si no hacemos que la gente armonice con sus tareas y expectativas, terminan desalentados, frustrados e incluso enojados.

Noten los requisitos que esboza Jetro para los ayudantes de Moisés.

Elige tú mismo entre el pueblo hombres capaces y temerosos de Dios, que amen la verdad y aborrezcan las ganancias mal habidas. (Éxodo 18.21)

Estos tenían que ser hombres talentosos (capaces) que temieran a Dios, dijeran y vivieran la verdad y que no pudieran ser comprados como jueces. Recuerden que esta lista es para aquellos que ayudarían a Moisés a dictar sentencia entre las partes en el caso de disputas. En Hechos 6 vemos listas similares para los siervos, y en 1 Timoteo 3 y Tito 1, para los pastores y diáconos de la iglesia primitiva. Estas listas recalcan las virtudes morales y espirituales. Otros principios de liderazgo que aprendemos de Moisés es *elegir a aquellos que nos ayudan con sabiduría. Si tenemos que elegir entre el carácter y el talento, escojamos el carácter.* En las organizaciones y las iglesias, la falta de habilidades es algo que se puede superar con más facilidad que la falta de carácter. De hecho, las aptitudes es algo que es posible enseñar con mucha mayor rapidez que el desarrollo de carácter.

Sin embargo, no tenemos que elegir entre habilidades y carácter. Ambas cosas son importantes y ambas pueden residir en la gente al mismo tiempo. Nadie que lideremos tiene todas las aptitudes que va a necesitar para servir al Señor y nadie es perfecto. De modo que, como Moisés, nos tenemos que concentrar en desarrollar simultáneamente las habilidades y el carácter de la gente que lideramos.

EL ALINEAMIENTO

Jetro le dijo a Moisés que organizara a sus ayudantes en grupos manejables con autoridad y responsabilidades ascendentes comenzando con el más pequeño hasta el más grande de los grupos. Moisés nombró jueces sobre grupos de diez, cincuenta, cien y mil personas. Él era el juez supremo, pero estos hombres tenían la responsabilidad de actuar lo mejor posible como jueces de sus grupos.

Yo no creo que sea posible organizarnos para alcanzar el éxito si no disponemos de las condiciones adecuadas. El alineamiento organizativo es crucial para el éxito y sin la visión correcta (o sea, la gran idea), estrategias, recursos, gente y procesos de trabajo, las organizaciones van a luchar y finalmente fracasar. El alineamiento toma en consideración a la gente con la que vamos a trabajar, la tarea que habrán de emprender y las fuerzas a las que se van a enfrentar que les pondrán trabas o que los ayudarán, y la cultura en la que trabajarán.

Los líderes son responsables por el alineamiento organizativo que permite que se alcance la voluntad de Dios. Todas las cosas importantes exigen una cierta organización que, a su vez, requiere el alineamiento adecuado de la gente, el trabajo y los recursos. Deseamos los máximos resultados con el mínimo esfuerzo en el período más breve de tiempo posible. Moisés lo hizo en su organización encontrando hombres capaces dotados de un carácter impecable para ser jueces.

Muchas veces, el alineamiento de las personas se adapta a las habilidades de los que lideramos. La mejor gente necesita liderar y servir en cargos de responsabilidad. Algunos necesitan liderar bajo una estricta supervisión y otros no necesitan que se los controle. Esto ocurre tanto en las organizaciones de la escuela dominical y grupos pequeños como en las corporaciones más importantes. Nuestra responsabilidad es alinear a nuestra gente para que hagan la voluntad de Dios con éxito y logren los propósitos de Dios.

HAY QUE DEJARLOS TRABAJAR

La última palabra de Jetro a Moisés fue que dejara que los hombres que había elegido hicieran su tarea.

Serán ellos los que funjan como jueces de tiempo completo, atendiendo los casos sencillos, y los casos difíciles te los traerán a ti. (Éxodo18.22)

Hay tareas de trabajo que un líder no puede encomendar a los demás, tales como comunicar, prever, estrategias, administración de las finanzas, desarrollar y hacer cumplir las normas, etc. Pero muchas de las tareas de una organización son llevadas a cabo por personas reclutаdas, empleadas u obtenidas para cumplir con estos roles. Si elegimos a la gente apropiada y ellos están correctamente alineados con su trabajo, ellos podrán hacer lo que se necesita hacer.

Dios no nos ha llamado a liderar nuestras iglesias y/u organizaciones sin suministrarnos las personas que nos pueden ayudar. Moisés tenía a Jetro, Aarón, Josué y muchos otros que lo ayudaban. La mayoría de los que lo ayudaban habían sido esclavos en Egipto, no capitanes de ejércitos, sacerdotes o jueces. Pero Dios los elevó, tal como lo había elevado a Moisés, para que cumplieran roles importantes. Cuando los israelitas entraron en la Tierra Prometida, sus roles volvieron a cambiar. Pero recuerden, no importa cuál sea la tarea a las que los ha llamado Dios, él les va a suministrar lo que necesitan para poder realizarla.

Quizás sientan que en este momento no tienen la cantidad de personas suficientes para ser una iglesia u organización eficientes. Piensan en la gente con la que tienen que trabajar y no ven cuánto van a lograr que hagan. Lo que necesitan hacer es reexaminar la tarea que les ha encomendado el Señor y ver cómo se ajusta a la gente que tienen disponible en este momento. Quizás tengan que pasar algún tiempo desarrollando el liderazgo o modelando lo que desean que hagan. Quizás tengan que comunicarles más adecuadamente la visión de lo que Dios tiene para ellos para que puedan comenzar a verla con mayor claridad. Quizás tengan que discipular y orientar a algunos hombres y mujeres para los roles que ustedes necesitan que ocupen.

El crecimiento, salud y desarrollo de la iglesia, así como los de cualquier otra organización, son un proceso constante. Además, son procesos prolongados. Moisés se pasó cuarenta años preparando a la gente para que habitara en su nuevo hogar, como una nación y no como un grupo de esclavos. Tenían que conocer al Señor, seguir su camino y obedecer sus leyes. Moisés tuvo que averiguar quién estaba con él y quién no. Tuvo que desarrollar un liderazgo que suministrara lo necesario para la gente y la protegiera. Tuvo que guiar a Josué y prepararlo para que asumiera el liderazgo una vez que Moisés ya no estuviera más con ellos.

Nosotros tenemos que hacer lo mismo. Cómo lo hacemos y cuánto tiempo tardamos en hacerlo es diferente para cada líder, pero tenemos que hacerlo. Yo aprendí hace mucho tiempo que la única iglesia que puedo pastorear es la que pastoreo en este momento y que la única gente que puedo liderar son aquellos que tengo ahora mismo. Es posible que en el futuro anticipe diferentes necesidades que requieren un liderazgo diferente, pero en este momento tengo que liderar a la gente que Dios me dio.

- Tengo que enseñarles lo que Dios me está enseñando a mí.
- Tengo que mostrarles cómo funciona esto en mi vida diaria.
- Tengo que mostrarles cómo hacer su tarea.
- Tengo que colocarlos en la organización correcta.
- Tengo que permitirles hacer la labor que se les ha asignado.

Para poder confiar en su gente, un líder tiene que tener una gran fe en Dios. Recuerden que su tarea es la obra de Dios y que su gente es el pueblo de Dios. Él nos ha encomendado toda la obra del Reino en la tierra. A través de las iglesias locales y con la ayuda de organizaciones cristianas, tenemos que cumplir la Gran Comisión y preparar este mundo para la venida de Cristo. Él construirá nuestras iglesias si confiamos en él y seguimos su guía.

El gran beneficio de liderar según la voluntad de Dios es que nos bendice ver que la gente que lideramos se convierten en hombres y mujeres que lo complacen al andar por sus caminos y hacer su voluntad. Además, disfrutamos el liderar por mucho tiempo sin cansar a la gente o agotarnos.

Jetro le promete a Moisés que si sigue su consejo, ellos llevarán la carga más pesada de juzgar a la gente y él "*podrá aguantar; el pueblo, por su parte, se irá a casa satisfecho*" (18.23).

Cuando lideramos de la manera que ordena Dios, podemos hacerlo por un período prolongado de tiempo y, a la larga, nos convertiremos en mejores líderes aún. Moisés nos da aquí otro principio de liderazgo, concretamente que *cualquiera sea la tarea que nos haya encomendado Dios, la podremos llevar a cabo con la gente que tenemos.* Esto requiere fe, tiempo y mucho trabajo, pero podemos hacerlo.

Lleva mucho tiempo aprender a ser un experto líder que ayuda a la gente a convertirse en creyentes hábiles y maduros. Todos los líderes tienen que aprender a desarrollar a las personas, colocarlas en el lugar que desea Dios y ayudarlas a llevar a cabo la tarea que Dios les ha asignado.

Casi todos los líderes saben cómo establecer una visión y generar entusiasmo en su gente. Normalmente, los líderes saben cómo comunicarse bien, tienen un alto nivel de capacidad de liderazgo y poseen un buen carácter. Pocos, parece, tienen la experiencia necesaria para desarrollar a las personas mediante experiencias de transformación que perfeccionan sus vidas a medida que sirven a Dios. *Lleva tiempo convertirse en un gran líder.*

Capítulo tres

El núcleo del líder

Pensé durante mucho tiempo hasta finalmente decidir qué título ponerle a este capítulo tan importante. La palabra *núcleo* puede significar muchas cosas, pero para mí significa el centro y alma misma del líder. Es la parte del líder que lo establece firmemente en todo lo que es y todo lo que hace. Es el centro de su toma de decisiones, su conducta y su moral. Es lo que verdaderamente define a un líder, porque los talentos pueden permitir que un líder funcione, pero su carácter es lo que le permite saber qué es lo correcto y luego llevarlo a cabo, cueste lo que cueste. Además, ¿cómo puede un líder desarrollar carácter en los demás si no lo ha logrado en sí mismo?

Vivimos en una época en la que las verdades bíblicas para los líderes cristianos son dejadas de lado para darles paso a las costumbres culturales. Por ejemplo, pienso que David Wells ha identificado correctamente este problema cuando escribe que nuestra cultura está peligrosamente sustituyendo las realidades bíblicas. Él dice (citado en *Baptist* Press el 16 de julio de 2007) que nosotros estamos:

- Dejando de ir tras las virtudes para concentrarnos en los valores.
- Hablando menos sobre el carácter mientras promovemos la personalidad exterior.
- Dejando de pensar sobre la naturaleza humana universal para exaltar el yo individual.
- Prestando más atención a la vergüenza que a la culpa.

Los líderes cristianos se enfrentan al peligro constante de ignorar la cultura o sucumbir a la cultura. Lo que hace que un líder sea fuerte, valiente, relevante y eficiente es su relación con Dios. Lo que Dios le revela a un líder trasciende la época, la cultura, las modas y cualquiera de las ideas más recientes. Ya hemos visto en la vida de Moisés que Dios había liberado a los israelitas de Egipto y los guiaba en el desierto. Fue Dios quien le dio la tierra a su pueblo y fue Dios quien preparó la tierra para su ocupación.

Dios les da a sus líderes todo lo que necesitan en sabiduría, discernimiento, visión, recursos, oportunidades y protección. Lo que no puede imponerles es carácter. Todos los líderes poseen habilidades pero, como muchos de nosotros hemos aprendido como un verdadero principio de liderazgo, *nuestras habilidades pueden llevarnos a lugares donde nuestro carácter no nos puede mantener.*

He dejado de contar el número de líderes que durante mi vida han fallado moral y espiritualmente a pesar de tener increíbles dones para el ministerio. Estos individuos tenían carisma, habilidades y oportunidades que algunos de nosotros jamás tendremos, pero ya no están en el ministerio porque les faltó carácter o se detuvo su crecimiento espiritual.

Moisés fue un hombre cuyo liderazgo se desarrolló a la misma vez que su carácter. De ninguna manera era un hombre perfecto. Mató a un egipcio y más tarde su enojo le costó la oportunidad de ingresar a la Tierra Prometida. Pero, a pesar de sus faltas, pasaba tiempo con Dios y su liderazgo se centraba en su carácter y no en sus habilidades.

Sin duda alguna, todo lo que recibió de Dios lo influyó. Las leyes, estatutos y reuniones cara a cara que tuvo con el Señor cambiaron su vida e hicieron que fuera un mejor hombre y un mejor líder. Cada vez que leo los relatos de su vida en Éxodo, Levítico, Números y Deuteronomio, veo que dejó de ser un hombre impulsivo y temeroso que andaba por el desierto cuidando un rebaño de ovejas para pasar a ser un hombre que enfrentó al faraón con fortaleza y convencimiento. Veo a un hombre cuyo carácter se fue desarrollando hasta llegar a ser un líder humilde lleno de la verdad, fortaleza y sabiduría de Dios.

Pienso que Deuteronomio 34.7 habla bien de Moisés cuando dice:

Moisés tenía ciento veinte años de edad cuando murió. Con todo, no se había debilitado su vista ni había perdido su vigor.

El escritor llega a la conclusión de que ningún profeta desde Moisés fue como él. Él conocía al Señor cara a cara, realizó incomparables señales y prodigios y Dios le dio un extraordinario y aterrador poder que asombró a Israel y venció al faraón. Su poder provenía de su relación con el Señor y la coherencia de su vida, poniendo en práctica lo que Dios le había enseñado.

Si vamos a ser buenos líderes, nuestro núcleo tiene que ser sólido; tan sólido que nadie puede derrotarnos. Tenemos que soportar ataques de Satanás, ridículo cultural, personas infieles, tentaciones, temporadas de pecado, resistencia al cambio y, a veces, rechazo. Quizás suframos por hacer la voluntad de Dios. Es posible que equivoquemos el camino algunas veces y tengamos que volver a concentrarnos y reagruparnos. La vida de un líder no es fácil. Si nuestro Dios no puede formar nuestro carácter, no vamos a durar.

Dios llama a los líderes para que sirvan sus propósitos. El llamado de Dios es su decisión. Nosotros somos líderes, punto. Pero la decisión de qué líderes vamos a ser es nuestra. ¿Seremos buenos líderes o no? ¿Desmayaremos haciendo la obra del Señor en momentos difíciles o podremos perseverar y terminar la tarea?

Nadie puede eximir a los líderes de Dios de dificultades, luchas y conflictos. Pero el factor que determina si fracasaremos o no es nuestra decisión: la decisión de buscar al Señor, aprender de él y hacer lo que él dice. Si vivimos y servimos al Señor durante algún tiempo, es probable que seremos lastimados, criticados y quizás rechazados. Esas cosas son factores externos que sólo un carácter fuerte nos puede ayudar a soportar.

Un amigo mío me llamó un lunes por la mañana para preguntarme si podía pasar por mi oficina. Nos reunimos ese día y me dijo que había sido despedido de su iglesia el día anterior. Me contó cuál había sido el conflicto que llevó a la iglesia a hacer lo que hizo. Honestamente, admitió los errores que había cometido y cómo podría haber hecho mejor las cosas en ciertas áreas.

Fue también honesto en lo que pensaba acerca de lo que había hecho la iglesia. No estaba de acuerdo con las acusaciones y acciones de los miembros de la iglesia y declaró abiertamente que pensaba que habían sido incorrectas. Me expresó honestamente cómo se sentía al respecto y, al escuchar, yo no noté miedo, ni amargura, ni rencor en su voz. Él expresó su decepción sin culpar a nadie. Yo llegué a la conclusión de que este pastor tenía carácter, un núcleo dentro de su vida que le estaba dando fuerza y estabilidad. Me maravillé al escucharlo hablar sobre los siguientes pasos que tomaría y su confianza en el futuro.

Me pidió toda la ayuda posible y yo accedí de todo corazón. Le pedí que me diera una lista de lo que él consideraba que eran sus virtudes y él las esbozó sin titubear. Una vez más, noté que hablaba de sus dones y deseos sin orgullo o presunción. Él sabía quién era; tenía fe que Dios lo iba a proteger a él y a su familia de todo mal. Estaba triste por lo ocurrido, pero estaba listo para la próxima tarea. Cuando se fue ese día, me sentí honrado de haberme reunido con él porque fue tanto lo que aprendí. *El carácter piadoso no puede ser derrotado.*

La base para el carácter de Moisés y los israelitas fueron los Diez Mandamientos en Éxodo 20. Esas diez declaraciones han superado la prueba del tiempo y continúan influyendo a millones de personas en todo el mundo. A lo largo de la historia, las naciones han usado a los Diez Mandamientos como la base para las leyes y códigos legales. Los Mandamientos influyen los conceptos éticos, las conductas sociales y las prácticas culturales. Ellos revelan el carácter de Dios y nos impulsan a asumir su carácter en nuestra relación con los demás. Son oro espiritual para los líderes. Jesús dijo que había venido para cumplir la ley y, al hacerlo, abrió la posibilidad para que nuestras vidas pudieran reflejar su vida.

A pesar de que vivimos en una época diferente a la de Moisés, podemos aprender cómo sirve la revelación bíblica como base para nuestro carácter. El núcleo del liderazgo cobra forma de algo o de alguna parte. El núcleo de un líder cristiano es formado por la Palabra de Dios y la verdad. Es una norma que exige nuestra mejor y más completa devoción. Sin la verdad de Dios no podemos tener el carácter de Dios. Sin el carácter de Dios, no podemos hacer la voluntad de Dios y cumplir sus propósitos para nuestra vida.

Los Diez Mandamientos revelan el valor que les adjudica Dios a nuestras relaciones. En el último capítulo hablaremos más sobre nuestras relaciones con nuestra gente, pero tenemos que ver que el carácter es algo clave para liderar a los demás.

LA FORMACIÓN DE NUESTRO NÚCLEO

Los Mandamientos se dividen naturalmente en dos secciones. La primera habla de nuestra relación con el Señor y la segunda de nuestra relación con los demás. Cada uno de ellos se suma a los anteriores y cada uno tiene una manera específica de forjar nuestro carácter.

1. Dios ha de ser primero: "No tengas otros dioses además de mí".

No es difícil comprender el significado del primer mandamiento, pero el obedecerlo completamente es todo un desafío. ¿Hay algo en sus vidas en este momento de lo que no podrían prescindir? ¿Sus esposas y sus hijos tal vez? ¿Podrían vivir sin sus posiciones o ingresos? ¿Pueden imaginarse viviendo un estilo de vida más bajo o perdiendo sus casas?

Nuestras mayores preocupaciones se convierten en nuestros dioses, aunque no nos demos cuenta. El poner a Dios en el primer lugar es negarnos todo antes de entregar nuestra vida al Señor. No he notado que Dios les arruine la vida a los líderes, pero he notado cómo los líderes se arruinan sus propias vidas al lentamente colocar a Dios detrás de cosas tales como sus ambiciones, familias, seguridad y fama. La mayor parte de las veces, estas cosas no irrumpen en nuestra vida como un tsunami, sino como un lento goteo.

Con el tiempo, las cosas pasan a ser más importantes que Dios. Jesús llamó a estas cosas *riquezas* y enseñó que nos convertiríamos en sus esclavos y, a la larga, le odiaríamos a Dios. Son muchas las cosas que pueden gobernar nuestra vida y destruirnos. Pero tenemos y podemos decidir todos los días que Dios es primero en todo, en cada momento y en cada circunstancia. Les aseguro que yo he aprendido esta verdad de algunas de las lecciones más difíciles posibles. En mi mente, sé que es verdad, pero mi corazón me ha engañado en el pasado y mi liderazgo pagó un precio altísimo por ello.

La lección de un hombre quebrantado

Una noche en que había predicado en la iglesia donde yo era miembro del personal, uno de los diáconos se me acercó para decirme que esa noche le había entregado toda su vida al Señor. A pesar de que no recuerdo mucho del sermón, jamás olvidaré lo que ocurrió después. Mi esposa y yo acabábamos de irnos a la cama cuando sonó el teléfono. Era el hombre que se me había acercado durante el culto. Estaba llorando.

Me contó que esa noche, cuando se fue de la iglesia, lo había agarrado una tormenta fuerte. Se metió debajo de un puente para esperar que amainara la lluvia y allí fue donde Dios comenzó a hablarle. La conversación que recordaba había sido algo así como:

—Juan —le dijo el Señor—. Tú me has entregado toda tu vida hoy por la noche. ¿No es verdad?

—Sí, Señor —respondió Juan—. Te lo he dado todo.

—Juan, hoy me llevaré a tu esposa. En tu dolor, la gente verá cuánto significo para ti y yo lo usaré para guiarlos a Cristo.

—Ah, Señor, no, no lo hagas. No puedo vivir sin mi esposa —suplicó Juan.
—Entonces me llevaré a tu nieto que tanto amas —dijo Dios.
—No, Señor, no a mi precioso nietito. Él es tan pequeño aún y significa tanto para nosotros —explicó Juan.
—Está bien, Juan —prosiguió Dios—, me llevaré entonces tu empresa. Tu pérdida le probará a todos que tú me amas más que a tu trabajo.
—No mi empresa, Señor —dijo Juan en estado ahora de pánico—. He trabajo veinticinco años para construir mi negocio y proveer para mi familia y dar dinero para tu obra.
—Juan, te quitaré la salud y, en tu sufrimiento, le demostraré a la gente cuánto me amas —respondió Dios.
—Por favor, Señor, no me quites la salud. Si me enfermo, nadie podrá cuidar a las personas por las que soy responsable en mi familia —imploró Juan.
Entonces Juan me dijo algo que nunca olvidaré. Me dijo que Dios finalmente le dijo:
—Juan, dime otra vez: ¿qué fue exactamente lo que tú me entregaste esta noche? ¿Qué quisiste decir con todo? —le preguntó el Señor.

Jesús lo dijo claramente en Mateo:

El que quiere a su padre o a su madre más que a mí no es digno de mí; el que quiere a su hijo o a su hija más que a mí no es digno de mí; y el que no toma su cruz y me sigue no es digno de mí. El que encuentre su vida, la perderá, y el que la pierda por mi causa, la encontrará. (Mateo 10.37-39)

Si Dios es siempre primero, jamás tendremos que preocuparnos de nuestro núcleo central.

2. Dios solamente: "No te hagas ningún ídolo... no te inclines delante de ellos ni los adores".

Después de una extensa reflexión, he llegado a la conclusión de que jamás he visto a un cristiano o líder cristiano que se haya confeccionado un ídolo que representa al Señor. He viajado por todo el mundo y he visto muchos ídolos que la gente adora, pero no los cristianos. Tenemos obras de arte que describen a Jesús el hombre o a santos que son recordados, pero no tenemos estatuas, ni imágenes ni esculturas del Señor Dios Jehová. Simplemente no lo hacemos.

Sin embargo, lo que he visto y escuchado son las muchas descripciones de cómo es Dios y lo que él desea, las que no pienso que provengan de él. La idolatría es la misma provenga de nuestras manos o de nuestra mente. Es siempre una cuestión del corazón y el corazón es la sede del carácter. Lo que sabemos de Dios, lo sabemos mediante revelaciones, intuitivamente, en la naturaleza, por medio de su Palabra y en Jesucristo. Recordamos las palabras de Pablo a los romanos, cuando les escribe:

> Lo que se puede conocer acerca de Dios es evidente para ellos, pues él mismo se los ha revelado. Porque desde la creación del mundo las cualidades invisibles de Dios, es decir, su eterno poder y su naturaleza divina, se perciben claramente a través de lo que él creó. (Romanos 1.19-20)

Y en Hebreos leemos:

> *Dios, que muchas veces y de varias maneras habló a nuestros antepasados en otras épocas por medio de los profetas, en estos días finales nos ha hablado por medio de su Hijo. (1.1-2)*

El mayor peligro pienso que es decir que somos cristianos para luego adorar a un dios que no existe. Dios no es quien pensamos que es ni quien deseamos que sea. Es mucho más de lo que nos podemos imaginar. Él nos tiene que revelar quién es, cuáles son sus caminos y su voluntad o nunca los conoceremos.

Uno de los peligros que enfrentan los líderes es representar a Dios de una manera que no lo revela a él, su carácter o sus propósitos. El hablar en nombre de Dios o hablar de Dios sin un verdadero conocimiento de él equivale a idolatría. El llevar a la gente a alcanzar nuestros sueños y no la visión de Dios es algo peligroso, pecaminoso y termina en el fracaso. Tenemos que estar conscientes de que la gente espera que nosotros seamos honestos cuando les pedimos que ofrenden, vayan y hagan algo en el nombre de Dios. Los predicadores tienen que pronunciar la Palabra de Dios; los maestros tienen que enseñar la Palabra de Dios; y los líderes tienen que conocer la voluntad de Dios para su pueblo. No hay excusa alguna por la falta de estudio, preparación o tiempo en oración. Si no escuchamos a Dios, dependemos de nosotros mismos y creemos y actuamos como si supiéramos mejor que Dios qué es lo que tenemos que comunicar, enseñar y llevar a cabo.

Si no observamos de cerca nuestra vida, nosotros, los líderes, vivimos cerca de un sendero peligroso que lleva a la idolatría. Estamos ocupados, apurados y siempre tratando de que se hagan las cosas. Es fácil entender cómo nuestro trabajo puede robarnos el tiempo que necesitamos para buscar a Dios, estudiar la Biblia, orar y preparar nuestros sermones. Nadie nos ve hacer esas cosas tan importantes. La gente observa si asistimos a las reuniones, citas y visitas, pero no si pasamos tiempo escuchando a Dios.

Yo soy culpable de insertar mis opiniones y mi voluntad en la vida de las personas que lidero. No sólo es poco placentero sino que, al final, es una pérdida de tiempo. Ustedes y yo hemos sido llamados a Dios y se nos ha dado una tarea que cumplir. El Reino de Dios no descansa en nuestra pericia, experiencia, pensamientos, sueños y planes. Es el Reino de Cristo el gobernar y construir. Es la Iglesia de Cristo el construir y proteger. Nuestra gente es suya. Él los salvó y los usa para su gloria. Nosotros somos los mayordomos de todo lo que tocamos en nuestro trabajo: mayordomos de los mensajes que damos, las tareas que realizamos y asignamos a los demás, las iglesias que servimos y las organizaciones que administramos.

Siguiendo el ejemplo de Moisés, aprendemos que el buen liderazgo tiene lugar cuando *los líderes hacen lo que Dios quiere, enseñan lo que han aprendido de él, van donde Dios los manda y nunca inician nada por su propia cuenta sin el permiso de Dios.*

El no obedecer estos principios denota una falta de carácter y, a la larga, conduce al fracaso.

3. En el nombre de Dios: "No pronuncies el nombre del SEÑOR tu Dios a la ligera".

Una simple definición de la vanidad es *vacío*. O sea, todo lo que es vano no tiene sustancia. No es nada, no puede hacer nada y, al final, no tiene ningún valor. Mis padres me enseñaron a obedecer este mandamiento no usando jamás el nombre del Señor en una maldición o como una mala palabra. El nombre del Señor era el nombre que teníamos que respetar completamente.

A menudo, pienso en lo que me enseñaron mis padres y lo que escucho que dicen hoy día. La gente usa la palabra "dios" para mostrar sorpresa, ira o placer. "¡Ay mi d—¡" y "d— querido" son expresiones comunes, incluso entre los creyentes. Sin duda, estos son ejemplos de lo que enseñan los mandamientos.

Pero pienso que es mucho más que eso. El pronunciar el nombre de Dios a la ligera es usar su nombre de una manera que básicamente no lo revela, no lo glorifica ni a él ni a sus propósitos. Los líderes podemos crear muchas actividades, programas, cultos de adoración y viajes misioneros. Lo hacemos con toda la intención de servir al Señor. Sin embargo, ¿cuántas veces nos detenemos y consideramos si lo que tenemos la intención de hacer promueve realmente el nombre de Dios? Es posible que lo que hagamos nos favorezca a nosotros y nuestra iglesia pero, ¿qué gloria obtiene Dios de ello?

Si hacemos lo que Señor ordena, gozaremos del favor de Dios y de la gente. Pero si imitamos las cosas propias de la cultura y las llamamos espirituales, estamos pronunciando el nombre de Dios en vano. Verdaderamente creo que el Señor nos da una gran libertad para elegir la manera en que lo servimos. Tenemos la libertad de organizar nuestras iglesias, estilos de adoración, programas, edificios y días y horario de los cultos. Pero junto con esa libertad tenemos que entender la responsabilidad de asegurarnos de que el nombre de nuestro Dios y su hijo Jesús sean conocidos en todas las naciones.

Yo deseo que mi liderazgo establezca un clima donde Dios está presente, es conocido, adorado y servido. Deseo que todos conozcan nuestra iglesia como un lugar donde Dios es adorado, amado, seguido y respetado. Si nadie conoce jamás mi nombre, o si nadie nos alaba por nuestros ministerios, pero sabe que Dios en nuestro Dios y que su hijo Jesús es nuestro Señor, me siento feliz.

Como todos los Mandamientos, este es fácil de quebrantar sin que nos demos cuenta. Las palabras que usamos, las cosas que hacemos y las iniciativas que creamos como líderes tienen que pasar por un filtro que evalúa si son en vano. Si Dios no es honrado o, peor aún, si está oculto o empequeñecido, no debemos hacerlo.

4. Descanso y reenfoque: "Acuérdate del sábado, para consagrarlo".

Durante mi niñez, el domingo era el día cuando ocurrían dos cosas: ¡el culto y nada más! Íbamos a la iglesia por la mañana y nuevamente a la noche. Comíamos un rápido almuerzo, dormíamos la siesta, leíamos y mirábamos deportes en la televisión, pero no realizábamos ninguna tarea. El ritmo era lento y sencillo, lo cual permitía que mi padre y mi madres se recuperaran de la semana de trabajo. Mi hermana y yo no hacíamos ninguna tarea más que lavar los platos del almuerzo. Nunca hacíamos deberes de la escuela, ni trabajos en el jardín ni ninguna tarea del hogar. Descansábamos.

He llegado a comprender el valor del descanso y reenfoque en un día al menos por semana. Cuando tenía un cargo corporativo, el fin de semana para mí era el momento de alejarme de las presiones del trabajo. Cuando comencé un nuevo ministerio, me resultó fácil darle todo mi tiempo y energía para que todo comenzara a funcionar. Ahora, como pastor, descubro que necesito un día alejado de mis tareas para mantenerme sano, evitar desilusiones y liderar con eficacia.

Por naturaleza, los líderes son gente agresiva y van a la ofensiva. Nos gusta que todo se haga rápidamente y en orden para tener éxito y gozar de los frutos de nuestros esfuerzos. Pensamos mucho en nuestro trabajo y pasamos todo el tiempo posible trabajando, mientras tratamos de equilibrar nuestro matrimonio, familia y otros intereses que podamos tener. Pero Dios sabe qué es lo mejor y ha decretado que descansemos.

Dios designó un día de descanso, adoración y reenfoque para que pudiéramos satisfacer las exigencias de los demás días con éxito. El observar un día de descanso y adoración es concentrarnos en Dios y no en nosotros mismos.

Dios nos permite trabajar en nuestras vidas durante toda la semana, pero un día es para que nuestra mente, alma y cuerpo se recuperen y nuestros corazones lo busquen a él. Nadie puede trabajar eficazmente durante mucho tiempo sin descansar. Algo se va a averiar en nosotros física, mental o espiritualmente o en una combinación de estas cosas.

El no descansar y reenfocarnos es pecado porque viola uno de los mandamientos que Dios nos dio para ayudarnos a vivir y trabajar. Cada líder necesita determinar lo que significa descansar y cómo hacerlo de la mejor manera posible. Rara vez pensamos en cuán favorable es el descanso para fortalecer nuestro carácter, pero es muy valioso. Cuando un líder experimenta agotamiento, un colapso nervioso, un fracaso moral o un ataque al corazón, corremos para ayudarlo. Lleva meses o años superar esas condiciones que bien podrían haber sido evitadas obedeciendo el mandato de Dios de descansar y reenfocarse.

Cuando estoy fatigado por un largo tiempo, soy el blanco del Enemigo que me tienta al fracaso moral y espiritual. Me desaliento con más facilidad, me cuesta hacer lo correcto y deseo renunciar. Las presiones que soportamos como líderes exigen que tengamos descanso y diversión. El carácter es imposible de desarrollar cuando estamos coqueteando con el pecado y la tentación o estamos deprimidos y cansados.

5. Honremos a nuestra familia: “Honra a tu padre y a tu madre”.

Esto parece un mandamiento extraño para aplicar al carácter central de un líder, pero es importante. Yo tuve la buena fortuna de criarme en una buena familia muy sólida. Mi padre era un hombre de fe y tenía un carácter extraordinario. Mi madre nos amaba a mi hermana y a mí y nos enseñó bien. Teníamos pocos conflictos de familia, comíamos bien, vivíamos en un lindo lugar, teníamos buena ropa y todo el dinero que necesitábamos. Nadie era perfecto en nuestra familia pero vivíamos bien y nos amábamos los unos a los otros.

Tal vez ustedes no hayan tenido la bendición de tener esa clase de vida como niños. Quizás sus padres no hayan provisto lo necesario o quizás se hayan divorciado. Es posible que hayan soportado abuso, alcoholismo o incluso abandono. Tal vez hayan crecido sin amar demasiado a sus padres. La forma en que los trataron no fue tal vez culpa de ustedes y su experiencia puede haber sido muy difícil.

El honrar a nuestros padres es algo que elegimos hacer, algo que realmente no tiene nada que ver con la manera en que ellos nos trataron a nosotros. El carácter se construye haciendo lo correcto porque Dios dice que es lo correcto. Cuando honramos y respetamos a nuestros padres, honramos a Dios. Él nos dio vida a través de nuestros padres. Quizás ellos hayan elegido cosas que no nos ayudaron, pero el honrarlos no se basa en cómo fuimos tratados sino en cómo Dios desea que nosotros los tratemos a ellos.

Si tenemos la suerte de tener padres que aún viven, debemos honrarlos con nuestras palabras y acciones de una manera que refleje nuestra relación con nuestro Padre celestial. Quizás no podamos verlos, pero podemos honrarlos en la manera en que les hablamos. Les repito, no tenemos que simular que quiénes eran y lo que hicieron (o no hicieron) fue correcto. Podemos dar gracias a Dios por haberlos usado para darnos vida en la tierra. Podemos agradecerle por las cosas buenas que ellos hicieron y por cómo resultamos a pesar de sus faltas. Podemos hacerlo con un corazón que honra a Dios.

Yo no puedo honrar a mis padres de manera tangible porque ya han fallecido. Sin embargo, puedo honrar su memoria hablando de ellos favorablemente. Les he hablado a mis hijos y nietos sobre ellos con relatos que nos hacen reír, llorar y estar agradecidos.

Algo importante que debemos recordar es esto: *"La manera en que un líder habla de la gente, especialmente de sus padres, revela mucho sobre su carácter"*.

6. Tratemos a la vida como algo precioso: "No mates". Históricamente, los cristianos han tratado toda la vida como algo preciosos. En las diversas leyes que el Señor le dio a Moisés era aparente que la vida humana era considerada más valiosa que las pertenencias. En Israel, la persona que robaba algo tenía que hacer restitución, pero no era permitido dañar a esa persona. Si una persona hería a otra, el principio de ojo por ojo y diente por diente limitaba la retribución con el fin de proteger la vida. Si una persona mataba a otra, había cometido un crimen tan extremo que tenía que entregar su propia vida.

A veces me he preguntado qué habrá pensado Moisés cuando Dios le dio estos mandamientos. El recuerdo de que había matado a un egipcio probablemente lo hizo paralizarse delante del Señor. Su acto impulsivo cambió su vida para siempre y tuvo que huir al desierto. En vez de disfrutar los beneficios de la corte del faraón, su vida se vio reducida a cuidar los rebaños de su suegro.

Dios es el creador de la vida y nosotros tenemos que defender la vida con pasión. Como líderes, tal vez nos preguntemos cómo ayuda este mandamiento a formar nuestro carácter. Estoy seguro de que la mayoría de nosotros no ha cometido ningún asesinato, de modo que ¿cuál puede ser el asunto? En Mateo, Jesús nos da un poco de ayuda con su enseñanza:

Ustedes han oído que se dijo a sus antepasados: 'No mates, y todo el que mate quedará sujeto al juicio del tribunal'. Pero yo les digo que todo el que se enoje con su hermano quedará sujeto al juicio del tribunal. Es más, cualquiera que insulte a su hermano quedará sujeto al juicio del Consejo. Pero cualquiera que lo maldiga quedará sujeto al juicio del infierno. (Mateo 5.21-22)

¿No los asombra que el Señor ponga a los asesinatos, enojo e insultos como "cabeza hueca" (por ejemplo: *bueno para nada*) y *necio* en la misma categoría? Entiendo que el asesinato es un terrible pecado, ¿pero el enojo y los insultos? Lo que aflora es que Dios considera que la vida entera es importante, preciosa y valiosa y nada puede hacerse o decirse que no apoye este valor.

Los líderes que tratan a las personas con desprecio revelan un carácter que Dios no va a usar. Todo el que destruye a una persona con palabras hirientes no está en la voluntad de Dios y no lo honra. Todos los líderes tienen que constantemente evaluar a la gente y lidiar con personas difíciles. A menudo, nos encontramos en conflicto con la gente que servimos y la gente que trabaja para nosotros. Pero nuestras palabras reflejan si valoramos o no a la gente.

Palabras como "necio", "bobo" e "idiota" revelan qué piensa realmente el interlocutor del oyente. Cuando usamos tales términos, ya sea en público o en privado, pecamos contra Dios y la persona de la que hablamos. Ahora mismo, me gustaría realmente pasar al siguiente mandamiento porque estoy sintiendo un *ay* espiritual que no había planeado sentir. ¿Y ustedes? Conozco pocos pastores y líderes cristianos que no transgreden este mandamiento.

Como mayordomos del Reino es nuestra responsabilidad ver a la gente como la ve Dios. Tenemos que recordar que él los crea y busca salvarlos de sus pecados. Tenemos que recordar que los creyentes actúan a menudo como tontos y como personas sin sentido. Cuando lo hacen, no necesitamos ponerles un rótulo. Tenemos que ser honestos en cuanto a su conducta, pero ellos no necesitan nuestros juicios acusatorios.

Me imagino que hay más maneras de pecar con la lengua que con otras partes del cuerpo. Y la lengua es sólo una extensión de la mente y el corazón. Si lo decimos es porque es lo que pensamos, y si decimos algo que Dios prohíbe acerca de otra persona, entonces revelamos nuestra falta de carácter.

Los líderes necesitan un sólido carácter que los haga abstenerse de juzgar a las personas y en cambio evaluarlas honestamente mientras que hacen todo lo posible para desarrollar sus vidas.

El líder que honra a Dios honrando a los demás puede tomar decisiones difíciles. Puede liderar con éxito una iglesia u organización mientras que despliega su gracia, incluso en medio de un conflicto. Un líder piadoso trata a la gente que no hace lo correcto o que vive en pecado con justicia y firmeza. Espera que las personas se hagan cargo de su propia vida, compromisos y responsabilidades y no las juzga con sarcasmo. No es ni demasiado blando ni demasiado severo con la gente. Es espiritual y se asemeja a Cristo.

Moisés tuvo que lidiar con miles de personas difíciles. Se enfrentó a sus críticas, pecados, falta de fe, quejas y rebeliones. Fue honesto en su evaluación de quiénes eran y lo que hacían sin juzgarlos con palabras de condena.

Honren a su gente y edifíquenla a pesar de sus faltas. Cuando mi padre me escuchaba criticar a los demás, solía decirme: “Hijo, todos tenemos una historia y no siempre sabemos por qué la gente hace lo que hace”. Tenía razón, por supuesto, y nunca lo vi rotular a las personas que decían o hacían cosas que él jamás hubiera aprobado. Usemos nuestras palabras con sabiduría para ayudar a los demás. Moisés nos enseña que *todas las personas han sido creadas por Dios, a su imagen, para sus propósitos. Tenemos que prestar atención a lo que decimos sobre ellas. Él las ama y envió a su Hijo para redimirlas.*

7. Seamos fieles a nuestro cónyuge: "No cometas adulterio".

Nosotros vivimos en una sociedad sexual. El sexo es una oferta común en los anuncios comerciales televisivos, en las películas, en el Internet y en los materiales impresos. Ningún líder que viva hoy día está exento de enfrentarse a la tentación sexual, ya que es algo que está en todas partes. Un líder inmoral renuncia a sus derechos a liderar porque la inmoralidad revela un carácter pecaminoso con imperfecciones. El adulterio rompe el vínculo que Dios ha establecido entre un hombre y una mujer. Es un vínculo que Dios nunca quiso que fuera quebrantado.

Hace cuarenta años que estoy en el ministerio y la cantidad de pastores y líderes cristianos que han arruinado sus vidas o cuyas vidas han sido arruinadas por el adulterio es impresionante. El líder más exitoso es el que aprende a amar y vivir en una relación que dura toda la vida con su cónyuge. Servimos a Dios y no a nosotros mismos. Nadie puede mirar hacia el futuro y predecir cómo la vida va a cambiar cuando nos casemos. Todos cambiamos, pero esos cambios no tienen que convertirnos en personas egoístas o inmorales. La fidelidad a nuestro esposo o esposa es fidelidad al Señor.

Cuando Dios dio este mandamiento, Moisés debe de haber estado asombrado. A pesar de que algunas personas (incluso líderes) de la Biblia tenían múltiples esposas, ya sea a través del divorcio o la bigamia, el plan de Dios es que un hombre y una mujer permanezcan casados hasta la muerte. A lo largo de la historia, la fidelidad en el matrimonio refleja la fidelidad de Dios a su pueblo. Su pacto con Abraham nunca cambió, aún a pesar de la infidelidad de Israel y su rebeldía. Cuando Israel pecó contra Dios, él no cambió, ni tampoco su amor por su pueblo.

Mi mente vuelve a la enseñanza de Jesús en el sermón de la montaña sobre este tema.

> *Ustedes han oído que se dijo: 'No cometas adulterio'. Pero yo les digo que cualquiera que mira a una mujer y la codicia ya ha cometido adulterio con ella en el corazón.* (Mateo 5.27-28)

¡Eso duele! Esa es una dimensión de la fidelidad de la que desearía ser excusado si fuera posible. Dios les habla a los líderes para decirles que sus acciones pueden ser las correctas, pero su mente es infiel. Cuando esto ocurre, su vida, liderazgo y matrimonio corren peligro. El albergar pensamientos impuros le abre la puerta al enemigo para que traiga ruina a nuestras vidas. El precio de la infidelidad que paga un líder es exorbitante. Podemos perder a nuestro cónyuge, hacer pedazos a toda la familia y tener que renunciar a nuestro ministerio. Nuestro llamado permanece, pero nuestra falta de carácter reduce nuestra eficacia y puede eliminarnos del ministerio.

Años atrás, un amigo mío cometió adulterio y tuvo que dejar su iglesia. Era un ministro muy conocido y todo el mundo se enteró de su pecado. Su iglesia sufrió por ello durante muchos años después. Su esposa permaneció a su lado, pero luchando por entender por qué había ocurrido. Sus hijos se vieron tan afectados que tuvieron que recibir asesoramiento psicológico durante muchos años. Yo lo llamaba con frecuencia para decirle que estaba orando por él y que, en todo lo posible, lo apoyaría.

Hablamos durante años sin realmente mencionar el acontecimiento que había causado tanto dolor en su vida. Un día me dijo: "Gene, tienes que creerme, ocurrió una sola vez, una sola". Yo le creí, pero le pedí que me dijera algo que pienso que había evitado decirme durante años. Le pregunté qué había estado mirando y pensando antes de que ocurriera el hecho en sí. Con vergüenza, me admitió que había estado llenando su mente con cosas inapropiadas y a menudo se imaginaba estar con otras mujeres y no con su mujer.

La pureza se gana o se pierde mucho antes de que aparezca la oportunidad de ser inmoral. Tenemos que determinar en este mismo momento que nunca cederemos nuestra mente a nada impropio y que honraremos a Dios siendo fieles a nuestro cónyuge mientras ambos tengamos vida. Dios le indicó a Moisés que *los grandes líderes permanecen fieles a su cónyuge en todas las áreas de su vida.*

La época actual presenta numerosas tentaciones sexuales que arruinan a cualquier líder. Dios permite el acto sexual entre un hombre y una mujer que estén casados entre sí, y nadie más. Todo otro acto sexual es inmoral y no puede honrar a Dios ni satisfacer su voluntad. Pablo lo exhortó a Timoteo a escapar de sus deseos antes de llevarlos a cabo. La inmoralidad sexual comienza con una mente corrupta antes de que ocurra cualquier acto físico. *Los grandes líderes son y permanecen sexualmente puros.*

8. No robemos: "No robes".

La ley de Dios se basa en que todo le pertenece. En Éxodo 19.6, el Señor declara que "*toda la tierra me pertenece*". El salmista declara: "*Del Señor es la tierra y todo cuanto hay en ella, el mundo y cuantos lo habitan*". En realidad, todo le pertenece a Dios, de modo que robarle algo a alguien es robarle a Dios. La integridad es el ingrediente clave y central en el carácter de un líder. Ningún líder puede tolerar el robo y ningún gran líder roba. No roba tiempo al no trabajar con esfuerzo; no roba una lapicera de la oficina de la iglesia, ni tampoco abulta la cuenta de gastos.

Robar demuestra falta de confianza en que Dios nos suministre lo que necesitamos. Puede revelar una falta de control financiero. Pablo le advierte a Timoteo que no nombre a nadie como líder pastoral que no esté libre del amor al dinero. Yo he trabajado con muchos líderes que servían en iglesias y organizaciones cristianas y que no manejaban bien el dinero. En ciertas ocasiones, dificultades financieras pueden plagar a cualquier líder, pero estas épocas no justifican robar. El mal uso de tarjetas de crédito, el tomar dinero en efectivo de la oficina, el no pagar por el café y los refrigerios, y el imprimir documentos personales sin pagar por ello es robar.

Pablo les escribe a los corintios que en cuanto a la ofrenda que estaba recogiendo para la iglesia de Jerusalén, él ponía mucha atención para no ser desacreditado o culpado por el mal manejo de los fondos recaudados. Luego escribe: "*Porque procuramos hacer lo correcto, no sólo delante del Señor, sino también delante de los demás*" (2 Corintios 8.21). Esta es una buena regla para los líderes cuando manejan las finanzas, tanto personales, como las de la iglesia u organización.

Tomar algo que no nos pertenece destruye nuestro carácter y limita nuestra eficacia como líderes. Nuestra integridad no debe verse jamás comprometida en ningún área de nuestra vida y trabajo.

9. No mintamos: "No des falso testimonio en contra de tu prójimo".

La mayoría de las personas están de acuerdo en que mentir no es algo bueno pero a lo que se refieren en general es a que les mientan o que mientan acerca de ellas. La mentira es algo tan generalizado en nuestra cultura que casi esperamos que la gente mienta cuando les conviene. La gente miente sobre sus logros, sus faltas, sus acciones y todo lo demás que sirva para mantenerlos libres de problemas en ese momento.

Piensen en esta mentiras comunes que ofrecen los líderes:

"No sabía nada de eso."
"Yo no lo hice."
"Yo me ocuparé del asunto".
"Aprecio tu opinión."
"No te preocupes; todo está en orden. Tú estás bien."

Hace poco, me contaron que un pastor nuevo le había dicho a un miembro del personal de la iglesia que él formaría parte del equipo y que no necesitaba preocuparse de nada. El domingo siguiente, el pastor presentó a la congregación al hombre que lo reemplazaría. ¡El hombre se quedó atónito!

Una mentira destruye la esencia de toda relación entre un líder y las personas que lo siguen. Si mentimos, no podemos liderar. Quizás podamos imponer nuestra voluntad y empujar a la gente para que haga lo que deseamos, pero nunca lideraremos. El corazón de un gran líder es integridad basada en honestidad.

De hecho, la honestidad es la base para casi todas las leyes y mandamientos que Moisés recibió del Señor. Jesús afirmó que él era el camino, la verdad y la vida. En Juan 17 le pide al Padre que santifique a sus seguidores en la verdad que les había dado en la Palabra de Dios. Se nos exhorta a amar la verdad, vivir la verdad, pronunciar la verdad y no mentirle a nadie. Una persona honesta evitará muchas tentaciones a pecar que lo podrían destruir.

Cuando yo trabajaba en una corporación, la tentación a mentir era frecuente. Es difícil mirar a la gente a los ojos y darles malas noticias sobre las condiciones de trabajo o decirles que están por perder su empleo. Es tentador falsear los números cuando no son buenos. Era tentador prometer cosas a los críticos que aquietaran sus críticas, sabiendo que esas promesas jamás serían cumplidas.

Recuerdo con claridad una situación que se presentó cuando yo lideraba una de las divisiones de una corporación. Habíamos implementado un nuevo sistema de software empresarial. Este paralizó el centro de atención al cliente durante semanas. Nuestros empleados estaban exigidos al máximo, trabajando durante horas para ocuparse de los clientes frustrados que no podían colocar sus pedidos o que no recibían el pedido correcto. Un sábado fui con uno de mis líderes a una reunión con los gerentes de esa zona. Tuve que enfrentarme a un grupo de hombres y mujeres cansados, agobiados y esperanzados y darles las malas noticias. Yo deseaba decirles que las cosas iban a mejorar rápidamente, pero eso no era así. Fue una de las cosas más difíciles que tuve que hacer jamás. Sin embargo, al final, los gerentes apreciaron la verdad a pesar de sus dificultades.

Como pastores, es tentador aumentar las cifras de los concurrentes para dárselas a nuestros compañeros pastores. En nuestra iglesia estamos experimentando ahora un crecimiento saludable que no tuvimos en mis primeros dos años allí. Es difícil decir que la gente se está yendo, que hay menos dinero y que la tarea es difícil. El orgullo de un líder lo puede tentar a exagerar su desempeño y a describir una imagen falsa de las condiciones presentes. Cuando eso ocurre, se compromete la integridad del liderazgo y la iglesia o corporación sufre.

El diablo es el padre de las mentiras, lo cual debería ser una advertencia suficiente para saber a dónde nos conducirá la mentira. Los líderes tienen que tener tacto y confidencialidad, pero no tienen que mentir.

Cuando Dios le dio sus mandamientos a Moisés, fue específico. En este caso es más que una orden general en contra de la mentira. No debemos mentir contra otra persona. Una mentira es una mentira pero, en particular, Dios le advierte a Moisés que cuando una persona da falso testimonio en contra de otra, se destruyen las relaciones y, por ende, Israel se verá afectado.

El carácter central de un líder es honestidad e integridad, de modo que mentir está fuera de lugar, especialmente mentir sobre otra persona. *Los grandes líderes no mienten, jamás*. Ellos dicen la verdad sobre su vida, su trabajo, su gente y sus experiencias. No cuentan chismes ni los escuchan porque contar chismes es una forma pasiva de mentir (relatar o repetir información que no sabemos si es cierta).

10. Estemos contentos: "No codicies".

Todos los líderes transitan un camino estrecho entre la satisfacción y la visión de ser mejores. Por un lado, se nos ordena estar contentos y no envidiar o codiciar lo que hacen los demás, lo que poseen o alcanzan. Es evidente que cuando Dios no llama a realizar nuestra tarea, nos proporciona todo lo que necesitamos para realizarla. Quizás no tengamos todo lo que deseamos, pero tendremos todo lo que necesitamos. A veces es difícil ver el éxito de los demás cuando las cosas no van bien en nuestra vida. Cuando vemos a aquellos que siempre tienen abundantes recursos, mejores beneficios, tareas más fáciles y mejores resultados, es difícil no desear tener lo que ellos tienen.

Nuestra fortaleza proviene de confiar en el Señor con lo que él suministra y aprendiendo la satisfacción de confiar en él en todo. El codiciar es al final idolatría porque exigimos de Dios lo que determinamos que es lo mejor para nosotros, elevándonos así por encima de Dios.

El estar contentos no significa que no podamos tener visiones y sueños para nuestra gente, nuestras iglesias y nuestras organizaciones. Es la naturaleza de la evangelización y el discipulado ver que la gente cambia y crece. Deseamos que nuestras organizaciones mejoren su desempeño, se expandan hacia nuevas posibilidades y crezca su influencia. El ser ambiciosos para lo que Dios nos ha dado es una buena mayordomía y es la parte satisfactoria del ministerio y trabajo.

La responsabilidad de un líder es aportar un cambio, un cambio positivo que mejore todo bajo su liderazgo. Compararnos con los demás y obtener ideas de personas exitosas está bien siempre y cuando apliquemos lo aprendido a nuestro trabajo sin envidia ni celos por lo que tienen los demás.

La envidia trae un constante descontento y, a la larga, destruye el enfoque y gozo del líder. Detiene toda creatividad, destruye relaciones y debilita la eficacia del líder. Si envidiamos a alguien o algo que tiene, tarde o temprano lo expresaremos verbalmente. Las palabras que usamos, aunque cuidadosamente escogidas, les comunicarán nuestro descontento a los demás. A la gente le resulta difícil ir tras un líder desconcentrado y envidioso, porque no están seguros de su compromiso con ellos y su empresa. Además, la envidia verbal es en realidad una crítica de aquellos a quienes lideramos y de las cosas sobre las que tenemos mayordomía; es muy dañino.

La envidia es algo que nos podemos negar y el contento es algo que tenemos que aprender. Cuando surge la tentación de envidiar, neguemos ese impulso. Luego aprendamos el valor de practicar el contento:

- Dándole gracias a Dios por lo que tenemos.
- Confiando en que Dios nos dará lo que necesitamos.
- Pidiéndole que no dé un espíritu agradecido.
- Pidiéndole que bendiga a aquellos que tienen lo que nosotros deseamos.
- Negándonos a verbalizar nuestros pensamientos y sentimientos de envidia.
- Haciendo nuestro trabajo con confianza en que Dios nos dará todo lo que necesitemos.

LAS DOS MEJORES VIRTUDES DEL LIDERAZGO

Una vez tuve la oportunidad de visitar una base militar donde los oficiales eran entrenados para ser potencialmente promovidos al siguiente rango. Fue fascinante conocer a hombres y mujeres altamente motivados, leales patriotas y muy hábiles como líderes. Tuve la suerte de conocer a dos individuos que habían diseñado el currículo para los que estaban en el programa.

Hablamos sobre el liderazgo, la capacitación de la gente, cómo motivarla y qué difícil era predecir si una persona sería un líder exitoso. Me intrigaban las diversas maneras en que los dos habían diseñado la capacitación de líderes, intentando identificar posibles líderes y los que quizás no alcanzarían el siguiente rango. Cuando les pregunté cuáles eran las características de un gran líder, su respuesta me sorprendió.

Pensé que tal vez me darían una lista de cinco o diez características propias de los grandes líderes, pero me ofrecieron sólo dos: *humildad y perseverancia*. Uno de los hombres explicó que había pasado años investigando a los generales de la historia del ejército de los Estados Unidos. Examinó (lo mejor posible) sus vidas y carreras, incluyendo sus tareas durante la guerra y épocas de paz. Su conclusión fue que los mejores líderes eran hombres de una asombrosa humildad así como persistencia para cumplir con las órdenes recibidas.

Humildad

Le pregunté acerca de los egos de algunos de los grandes líderes que recordaba y él admitió que la mayoría de ellos tenían un ego muy fuerte, pero que también sentían y a menudo verbalizaban un verdadero sentido de humildad; humildad de tener el privilegio de servir a su patria, de ser promovidos al liderazgo por encima de sus amigos y de haber recibido oportunidades estratégicas. Muchos sentían humildad por haber sido educados en la Academia Militar de los Estados Unidos y algunos expresaron humildad por haber recibido los cuidados del pueblo de los Estados Unidos. Su orgullo no arruinó su verdadero agradecimiento y humildad por los cargos que ocuparon.

Cuando pienso en la humildad, pienso en Moisés. Su humildad es legendaria y es muy probable que nadie lo haya superado hasta la llegada de Jesús a la tierra.

Moisés era muy humilde, más humilde que cualquier otro sobre la tierra. (Números 12.3)

Lo que hace que la humildad de Moisés sea tan acogedora es la fortaleza de su carácter y el liderazgo que exhibió. La humildad revela fortaleza, algo que el orgullo, la arrogancia y el egoísmo no pueden lograr. La gente humilde es gente con fortaleza. Tienen una fuerza innata que no permite que las circunstancias, las críticas y la oposición los derrote.

La verdadera humildad es saber quiénes somos, cuáles son nuestros dones y qué podemos hacer sin orgullo ni condescendencia. Es estar conscientes de la gracia que Dios nos ha dado en Cristo y qué nos ordena hacer. Luego vamos y tratamos de hacerlo todos los días.

Los líderes humildes atraen a la gente porque son transparentes, confiables y poseen el poder y la autoridad para hacer lo que dicen. Los grandes líderes lideran sin miedo; miedo de lo que se les ha encomendado hacer, miedo al fracaso y miedo a la gente. Su humildad es una gran fortaleza porque saben que es Dios quien obra y quien los ha llamado a unirse a él para llevar a cabo sus propósitos.

Es mejor ser humildes que actuar con humildad y es mejor ser humildes por nuestra propia cuenta que ser humillados por Dios. Él no comparte su gloria con nadie y si tratamos de apropiarnos de ella, Dios nos corregirá y nos enseñará que él es Dios y nosotros sólo somos sus siervos. Casi todos los líderes pasan por la experiencia de ser humillados por Dios. A través de los fracasos, rechazo y vergüenza, Dios nos muestra quién es él y quiénes somos nosotros para él.

Persistencia

En lo relativo a la persistencia, me dijeron que los mejores generales obedecían las órdenes fueran cuales fueran las circunstancias. Me dijo que esos hombres no daban excusas, se arreglaban con los recursos que tenían a su disposición y se sometían a sus superiores aun cuando no estuvieran de acuerdo con sus órdenes o mandatos. Su persistencia era una de las características de su carrera desde el comienzo como oficiales hasta su retiro como generales.

La persistencia de los oficiales que llevaban a los soldados a la guerra o que entrenaban a los soldados en épocas de paz tiene mucho que ver con el éxito del que ha gozado nuestro ejército. Ganaron batallas en las que no tenían nada a su favor, completaron los entrenamientos donde quizás hubieran necesitado más y mejores materiales y, al final, todo y todos mejoraron. Estos individuos no se iban a dar por vencidos hasta haber cumplido su tarea.

Pienso que la persistencia y su prima, la perseverancia, son dos de las mejores virtudes de carácter, así como también las más difíciles de desarrollar. La vida es dura pero, a veces, la obra del Reino es atroz. El llevar al pueblo de Dios a cumplir la Gran Comisión en un mundo opuesto a Cristo es como ir a la guerra. El ánimo de seguir luchando, esperando, creyendo y trabajando con afán es a veces nuestro desafío más grande.

Recuerdo haber escuchado la siguiente frase del Dr. Jerry Falwell: "Por cada día bueno que tengo como pastor tengo generalmente dos malos". No se estaba lamentando de que la vida es difícil, sino que estaba expresando honestamente lo difícil que es ser un líder cristiano. Hay conflictos, decepciones, temporadas de lucha y desazones todos los días. Parece como que el mundo está en contra de nosotros (y lo está) cuando vivimos en justicia y por las cosas justas. A menudo, cuando predicamos, nadie parece conmoverse; cuando hablamos, nadie parece impactado; cuando aconsejamos, la gente se niega a seguir nuestro consejo y cuando planeamos grandes cosas, nadie nos apoya. ¡Y eso suele parecernos algo normal!

Todavía me cuesta creer que tengo dificultades. Pero cuando pienso en Moisés, me siento alentado. Él luchó por llevar a los israelitas a la Tierra Prometida mientras rechazaban su liderazgo, se negaban a creer en Dios y se quejaban de la comida y agua pura para beber. Llegaron a la frontera misma de la tierra que Dios les había prometido y se negaron a entrar para tomar posesión de ella. ¡De hecho, trataron de organizarse para regresar a Egipto!

Sin embargo, a través de todo, Moisés persistió. Hubo ocasiones en que perdió los estribos, cansado de la gente, pero nunca dejó de liderarlos. Cuando ellos se negaron a entrar en la Tierra Prometida, su liderazgo no terminó allí. Hizo ajustes y trabajó con lo que tenía hasta que la gente estuvo preparada para adueñarse de su herencia en Canaán.

No es raro que los líderes tengamos el deseo de abandonar lo que Dios nos ha dado para completar. Es grande la lucha para implementar los planes del Reino y lograr resultados. Ello exige nuestros máximos esfuerzos. La persistencia es lo que separa a los verdaderos campeones de los competidores.

La persistencia y la perseverancia son cualidades que tenemos que desarrollar mediante la práctica en el fragor de nuestras batallas. No las necesitamos hasta que surgen los conflictos, aparecen los problemas y emerge la oposición. La entereza se gesta en el fuego de las pruebas que soportamos como líderes por medio de:

- confiar en que Dios nos habrá de fortalecer para que podamos resistir todo lo que nos ataque a nosotros o nuestra gente
- obedecer su voluntad a toda costa o sin importarnos las consecuencias personales
- recordar lo que nos ha llamado a hacer, a dónde nos envió a realizarlo y que fue Dios mismo quien nos encomendó nuestra tarea(s) presente.

El miedo y el desaliento son emociones naturales que nos asaltan cuando nos enfrentamos a la presión del conflicto, pero no son dones sobrenaturales. Dios no desea que tengamos miedo y desea que tomemos nuestra valentía de él.

Liderazgo al estilo de Moisés

En Moisés vemos otro principio clave del liderazgo: *Los grandes líderes son humildes y persistentes.* Una vez escuché decir que la verdadera medida de un hombre es qué es lo que logra desalentarlo. ¿Y ustedes? ¿Qué es lo que logra desalentarlos? ¿A qué le temen en este momento? Confíen en el Señor y ejerciten la fuerza que les da para superar sus dudas y sus miedos.

Capítulo cuatro

La comunicación

No puedo imaginarme un libro sobre el liderazgo que no incluya alguna referencia a la comunicación. Como ya lo he dicho, los líderes hablan. Ellos hablan constantemente porque eso es una parte vital del liderazgo. Sin una comunicación efectiva, las personas que lideramos no saben cuál es la visión para su tarea, qué resultados se esperan, cómo se organizará y completará su trabajo y por qué tienen que hacer lo que hacen.

Todos los líderes comunican, pero no todos los líderes comunican bien. Pienso que una de las razones por la que los líderes no son buenos comunicadores es que no saben qué es lo que tienen que comunicar. Eclesiastés 3.7 nos recuerda que *"hay un tiempo para callar, y un tiempo para hablar"*. Aunque estoy completamente de acuerdo con esto, lo difícil es saber cuándo hacer qué cosa. Qué hacer y cuándo es una decisión difícil que tienen que tomar constantemente los líderes.

Hay ciertas tareas de comunicación que tenemos que hacer, las que incluyen:

- Una comprensión clara de Quién es a quien servimos: el Señor
- Una afirmación clara de lo que él desea que se haga: la visión
- Una imagen clara de la dirección en la que nos dirigimos: el destino
- Un cálculo claro de cuándo finalizaremos: el período de tiempo
- Un bosquejo claro de cómo se realizará la tarea: el trayecto
- Una razón clara del porqué estamos haciendo esto: la motivación.

Moisés les comunicó cada una de estas a los israelitas y al faraón. Dios les dio forma a su mensaje y visión. Le ordenó a Moisés que le exigiera al faraón liberar a los hebreos para que pudieran irse a Canaán. El período de tiempo fue inmediato y la motivación fue obvia cuando dejaron atrás su sufrimiento para marcharse a la tierra de leche y miel.

Un amigo mío lo expresó bien cuando me dijo: "Gene, todos en todas las organizaciones necesitan una imagen convincente de lo que se puede lograr en el futuro". Sin claridad, la gente está confundida y a la larga reinterpreta la visión. Nuestra gente implementará lo que hemos declarado claramente o lo que han entendido a través de su propia interpretación. Por lo tanto, la comunicación efectiva es de suma importancia para un liderazgo exitoso.

Moisés superó su falta de autoestima, falta de conocimientos y temor al fracaso para poder convertirse en un gran comunicador. Derrotó su inmenso miedo a tartamudear o no hablar correctamente para convertirse en la voz del pueblo ante el faraón y Jehová.

Cuando Dios lo llamó a sacar a los israelitas de Egipto, Moisés tenía una idea clara de lo que tenía que hacer. Tenía que ir al faraón con la exigencia de que se marcharían de inmediato y tenía que ir a la gente para declararle lo que Dios estaba por hacer por ellos. En el transcurso del tiempo, él les comunicó cómo debían prepararse, hacia dónde se iban, porqué Dios estaba haciendo esas cosas y a dónde los llevaría su viaje.

Cuando nos comunicamos con la gente que lideramos, hay algunas cosas que debemos tener presentes:

- Cuando comunicamos tenemos que usar un lenguaje claro y conciso. El usar demasiadas metáforas, términos desconocidos y pensamientos y conceptos complicados desacelera cualquier proceso que necesitemos para alcanzar nuestra visión. La gente no puede hacer lo que no entienden.
- Cuando hayamos desarrollado nuestro mensaje, tenemos que compartirlo una y otra vez.
- La gente no escucha al principio lo que decimos. Confíen en lo que les estoy diciendo. Para que la gente entienda, tenemos que darles el mismo mensaje múltiples veces. Al principio, oyen, pero rara vez prestan atención.
- Periódicamente evaluemos el progreso de la iglesia u organización. Nuestra tarea es definir la realidad, lo cual incluyes nuestro resultados, buenos o malos. Si los resultados actuales son malos, tenemos que regresar al *quién, qué, dónde, cuándo, cómo* y *por qué* de nuestros sueños y objetivos. Estas son las bases fundamentales de nuestra tarea.
- El comunicar una visión no es lo mismo que predicar o enseñar. El momento en que lo hacemos puede ser el domingo por la mañana, pero no estamos simplemente dando datos y motivando a la gente. Estamos

entrando en el proceso de la comunicación: un proceso que no termina hasta no finalizar el culto.
- Tenemos que comunicar en la mayor cantidad de ámbitos posibles. Grandes reuniones, grupos pequeños, almuerzos y conversaciones casuales. Ajustemos nuestro mensaje a nuestra audiencia, pero comuniquémoslo con la mayor frecuencia posible.

No nos sorprendamos si la gente no entiende nuestro mensaje las primeras veces que lo comunicamos. Moisés descubrió que el comunicar el mensaje de Dios al faraón y los israelitas y el ellos recibirlo eran dos cosas completamente diferentes. Faraón no se conmovió cuando le dijeron que el Señor exigía la liberación de su pueblo.

¿Y quién es el SEÑOR para que yo le obedezca y deje ir a Israel?¡Ni conozco al SEÑOR, ni voy a dejar que Israel se vaya! (Éxodo 5.2)

La recepción que tuvo Moisés de la gente no fue mucho mejor.

¡Que el SEÑOR los examine y los juzgue! ¡Por culpa de ustedes somos unos apestados ante el faraón y sus siervos! ¡Ustedes mismos les han puesto la espada en la mano para que nos maten! (Éxodo 5.21)

¡Su respuesta no fue exactamente un cántico de victoria anticipando el triunfo del Señor sobre sus enemigos! Moisés no estaba siquiera seguro de que los propósitos de Dios tendrían éxito.

Pero Moisés se enfrentó al Señor y le dijo: "¿Y cómo va a hacerme caso el faraón, si ni siquiera los israelitas me creen? Además, no tengo facilidad de palabra." (Éxodo 6.12)

Los líderes pueden anticipar las etapas predecibles en la comunicación las que, si se las maneja correctamente, pueden llevar a las siguientes. Ellas incluyen:

PRIMERA ETAPA: COMUNICACIÓN INICIAL

Este es nuestro primer intento de comunicar nuestra visión y sus tareas. Entendamos que lo que decimos y lo que la gente escucha puede ser muy diferente. Es muy posible que estemos entusiasmados con una nueva visión o dirección para el futuro. Es probable que nuestra gente esté ansiosa acerca de la manera en que los cambios futuros podrían afectarlos.

Recuerdo una reunión de empleados que preparé una vez en la que estaba por anunciar varias nuevas iniciativas para nuestra división. Esas iniciativas incluían una cierta reorganización, nuevas tareas, ascensos para algunos, cerrar algunos departamentos y nuevas medidas para evaluar nuestro éxito.

Un asesor me estaba ayudando a prepararme y cuando repasamos lo que planeaba decir, me advirtió lo siguiente: "Recuerda que esta reunión sólo será la primera de muchas otras en las que tendrás que comunicar tu mensaje. Tu gente no va a escuchar muchas de las cosas que tú deseas que escuchen". Yo estaba atónito y así se lo dije. Durante veinte años como pastor, yo había dado mensajes a audiencias y estaba seguro de que podía expresar lo que quería decir claramente. Me dijo que no dudaba de mi capacidad para dar el mensaje, pero estaba seguro de que mi gente no lo comprendería la primera vez. Luego me dijo que la mayoría sólo quería saber, primero, que tendrían un empleo y segundo, para quién irían a trabajar.

Ese día di mi charla frente a una audiencia embelesada. A continuación formamos grupos de enfoque para ver qué habían escuchado y entendido los empleados. Había alrededor de diez grupos de siete a diez personas en cada uno que se reunieron inmediatamente después de la reunión. Habíamos cuidadosamente construido preguntas para ver si yo me había expresado claramente y habíamos incluido en las páginas de respuestas lugares para sus preguntas e inquietudes. ¿Saben qué? Fuera de mis gerentes inmediatos que habían estado trabajando en el proyecto, casi nadie entendió lo que queríamos hacer y por qué. ¿Y pueden imaginarse cuáles eran sus dos mayores preocupaciones? Si tendrían un empleo y para quién irían a trabajar.

Se requiere cientos (si, cientos) de horas y oportunidades de comunicación antes de que la gente realmente entienda la visión y el propósito de hacer lo que Dios desea que los llevemos a hacer.

¿Recuerdan cómo Moisés se resistió al principio a hacer lo que Dios deseaba que hiciera? Dio excusas y le pidió a Dios que consiguiera a otra persona en su lugar. Llevó tiempo y más conversaciones para convencerlo de ir al faraón. No nos sorprendamos si nuestros primeros intentos de comunicar lo que Dios está haciendo son malentendidos, confunden a nuestra gente y son incluso rechazados por los oyentes.

SEGUNDA ETAPA: ACUERDO O ACEPTACIÓN

Puede parecer obvio que la gente tiene que estar de acuerdo en hacer lo que les pedimos que hagan, pero no es tan fácil como suena. Soy un predicador pero, ¿puedo decirles que lucho con la comunicación? No siempre tengo la paciencia de esperar que la gente acepte lo que yo entiendo que es la voluntad de Dios. Cuando paso tiempo en oración, meditación, estudio bíblico y conversaciones con el personal y personas laicas claves de nuestra iglesia, determinando una dirección que siento que el Señor quiere que sigamos, deseo que la gente entienda el mensaje y concuerde conmigo para poder arrancar. Si la vida fuera así de fácil.

La aceptación incluye el comprender todos los elementos de lo que vamos a hacer, especialmente el *porqué* del esfuerzo. Cuando nuestra gente finalmente entiende el *qué* y el *porqué* de algo, tienen que entonces asumir el compromiso personal de su tiempo, dinero y esfuerzo. Por lo general, esto involucra aceptar algunos cambios que los van a afectar. Por último, la gente va a aceptar el liderazgo para lo que entienden que los beneficiará a ellos, su iglesia o la organización en la que prestan servicio.

La aceptación es realmente el permiso de ir hacia delante. Todos los líderes la necesitan de la mayoría de los que los sirven, siguen o trabajan para ellos. Nos gusta pensar que somos personas fuertes que no necesitamos permiso para hacer la voluntad de Dios, pero sin la aceptación de aquellos a quienes lideramos, vamos a fracasar.

La clave para obtener permiso es la comunicación. Tenemos que comunicar nuestro mensaje cientos de veces (¿lo dije ya?) hasta que las personas entiendan, crean y estén de acuerdo en hacer lo que les pedimos.

En Éxodo 24.3, después de que Moisés les dio las leyes y normas iniciales de Dios para sus vidas, la gente respondió con una sola voz y dijo: "Haremos todo lo que el SEÑOR ha dicho". Entendían que el Dios que les estaba hablando a través de Moisés y que los estaba guiando tenía un propósito para ellos y podían confiar en él. Aceptaron quién era, lo que él deseaba y cómo los guiaría. No mantuvieron perfectamente su compromiso, pero fue el comienzo de la aceptación de su destino.

Tarde o temprano nuestra gente comienza a aceptar la visión que tiene Dios para nosotros. Cuando así sucede, es un gran paso para nuestro liderazgo. Sin embargo, nuestra comunicación no termina aquí. Como Moisés, descubriremos que el pueblo de Dios no es siempre lo fiel y dedicado a sus compromisos con Dios y sus líderes que desearía ser. De modo que sigamos comunicando y llevando el pueblo hacia delante.

TERCERA ETAPA: POSESIÓN

La posesión comienza cuando nuestra gente puede claramente articular el *quién, qué, dónde, cuándo, cómo* y *por qué* con pasión y entusiasmo. Está a pleno rendimiento cuando se unen a nosotros para hacer el trabajo necesario para completar la tarea. Alcanza su dinámica más poderosa cuando se acercan a nosotros con sus propias ideas para que todo funcione mejor.

Cuando lideramos bien a la gente, trabajarán muchas horas, harán tremendos sacrificios y persistirán hasta completar la tarea. El ser dueños de un proyecto o movimiento es una de las grandes recompensas que disfrutan los líderes. Se comparte la carga del trabajo y se multiplica el gozo de la visión. Dios es honrado a través de nuestro liderazgo y el trabajo de la gente.

Durante esta etapa del proceso, la comunicación pasa de convencer a la gente a que se una a nosotros a darles gracias por lo que están logrando.

Éxodo y los libros que le siguen revelan cómo los israelitas entendieron cada vez más quiénes eran y lo que Dios quería. Más adelante nombraron a sacerdotes y jueces para servir en sus funciones. Moisés nombró setenta líderes para que lo ayudaran con la administración diaria de las necesidades de la gente. A pesar de las muchas veces que la gente no entendió o no obedeció a Dios, con el tiempo se convirtieron en una nación lista para ingresar en la tierra que Dios le había prometido a Abraham.

Traten de liderar a la gente de manera que eventualmente se adueñen de la visión que Dios tiene para ellos y vivan en esa visión: para verla lograda.

CÓMO HACERLO CORRECTAMENTE

Quizás piensen ahora que ustedes sirven a una pequeña iglesia o lideran una pequeña organización que no requiere todas estas cosas. Sé cómo se sienten y sé que poco útiles son esos sentimientos. De hecho, realmente no importa el tamaño de nuestra congregación o entidad, aún tenemos que comunicarnos con nuestra gente. Es una de las tareas más importantes, de modo que ¿por qué no hacerlo bien? Me imagino que hay gente en la iglesia de ustedes que han escuchado sermones toda la vida sobre cómo desea Dios que ellos vivan, pero ustedes continúan predicándoles y enseñándoles las verdades bíblicas todas las semanas. Han predicado sermones sobre la evangelización o el crecimiento de la iglesia innumerables veces, pero aún hay gente que no da su testimonio o lee su Biblia. De modo que ustedes siguen predicándoles y enseñándoles.

Algunas de las cosas que los pueden ayudar a convertirse en excelentes comunicadores son:

- Escriban lo que desean comunicar. Luego vuelvan a escribirlo hasta que sea simple y claro. Piensen cómo entenderán su mensaje los oyente más jóvenes o nuevos o inexpertos.
- Hablen a la mayor cantidad de gente en la mayor cantidad de grupos posibles. En lo posible, varíen el lugar de la reunión según el tamaño y las edades.

No tengan miedo de mezclar a los jóvenes con los mayores.

- Obtengan comentarios de cada grupo. Seleccionen a personas que les den una evaluación honesta de lo que comunican. Nunca traten de imponer sus opiniones o respuestas y no se decepciones con lo que dicen. Recuerden, la mala noticia es la buena noticia porque lo pueden solucionar.
- Si es posible, graben sus presentaciones. Quizás sea difícil al principio, pero esto los va a ayudar a evaluar el mensaje, tono, ritmo e inflexiones de la voz. Escúchense a ustedes mismos y determinen hacerlo mejor la siguiente vez que hablen.

Dios nos ha llamado a liderar a su gente y nos ha llamado comunicándose con nosotros. Hemos orado, leído las Escrituras y consultado con nuestros líderes sobre esta visión que Dios nos ha dado para nuestra gente. ¿Por qué no comprometernos a comunicar claramente los detalles de lo que Dios desea que hagamos? Seamos pacientes con ellos hasta que los entiendan. Dediquemos tiempo a escuchar sus inquietudes y tratemos de responder sus preguntas con honestidad. No tengamos miedo de definirles la realidad y alentarlos a que cambien de idea. Si creemos que Dios nos ha establecido y nos ha dado una tarea que cumplir, dediquémonos a llevarla a cabo sin importar cuánto tiempo nos lleve o cuán difícil sea lograrla.

La experiencia de Moisés nos enseña que *los grandes líderes comunican mensajes claros una y otra y otra vez…*

Capítulo cinco

El líder y su gente

Si tuviera que nombrar un solo asunto que puede potencialmente destruir a un líder sería el tema de las relaciones. Hace muchos años, leí los resultados de un extenso estudio de pastores, empleados, misioneros y líderes de organizaciones cristianas. El estudio se concentraba en las dificultades de comenzar un ministerio con éxito hasta llevarlo a su madurez. Las conclusiones me parecieron interesantes y no demasiado sorprendentes, pero hubo una en particular que me llamó la atención y dejó una marca indeleble en mí y mi ministerio.

El estudio había descubierto que la mayoría de las personas en el ministerio tienen un claro llamado de Dios. Están dispuestas con gusto a responder a ese llamado, aun cuando ello requiera grandes sacrificios. Los resultados del estudio señalaban además que la mayoría de las personas en el ministerio se sienten muy satisfechas cuando realizan lo que Dios les pide y le dedican voluntariamente tiempo y esfuerzo a la tarea. Por lo general, lo disfrutan mucho. Pero fue el último descubrimiento el que atrajo mi atención. El estudio reveló que aun cuando la mayoría de ministros sienten la importancia del llamado y disfrutan haciendo lo que hacen, *¡no les agrada la gente con la que trabajan a diario!*

¿Pueden creerlo? ¡A los líderes no les agradan las personas que tienen que servir o con las que sirven! No sólo podemos creerlo, sino que sabemos que esto es a menudo una realidad. Una de las razones por la que esto me impresionó es que, en el momento en que estaba leyendo ese estudio, me sentía totalmente exasperado con algunos de los líderes y empleados con los que estaba ministrando. Dios me ha llamado a predicar y pastorear. Mis mejores momentos son cuando estoy predicando, enseñando, dando mi testimonio, orando y desarrollando la visión que Dios me ha dado para nuestra iglesia. Pero a veces esa gente…

LAS RELACIONES

Nuestro núcleo espiritual nos describe y nos ayuda a funcionar como líderes. Nuestro carácter guía nuestros pensamientos, decisiones y enfoque. Nos aparta del mal y nos lleva hacia el bien. Nuestras relaciones son los lugares donde cobramos vida y funcionamos.

Creo que las relaciones son la clave de la vida. Nuestra relación con Dios, nuestro cónyuge, hijos y nietos, amigos y nuestra gente es el motivo de nuestra vida. Fuimos creados para conocer a Dios y estar con los demás. ¿Por qué son las relaciones tan difíciles y poco placenteras? No sé cómo responderían ustedes esta pregunta, pero yo tengo algunas respuestas que ofrecerles.

- Algunas personas son desagradables, malvadas y poco confiables. Si han sido lastimados, traicionados o atropellados, saben a qué me refiero.

- Es difícil llegar a conocer a la gente. Todo el mundo está ocupado y los medios y aparatos de comunicación actuales hacen que una conversación seria sea difícil de lograr.
- Tengo tanta gente de la que ocuparme que no sé dónde empezar. Ustedes dicen: ¡Amén! A veces pienso que si tengo que responder una sola pregunta más, escuchar a otra conversación más de "permítame que lo ayude", mirar otra foto más de un nieto u ocuparme de un problema más, me voy a volver loco. Estamos de acuerdo, es mi trabajo y la mayoría de las veces me agrada hacerlo, pero a veces desearía desaparecer por un rato.

Las relaciones son difíciles porque no soy perfecto y no siempre me comporto de una manera que agrade a los demás o que les permita a los demás entender lo que estoy tratando de decir y hacer. Pero no importa cuán difíciles o frustrantes sean, las relaciones son cruciales.

NUESTRA RELACIÓN CON DIOS

La clave para saber cómo relacionarnos con los demás es cómo nos relacionamos con nuestro Padre celestial a través de Jesucristo. Es en Cristo que aprendemos quiénes realmente somos y cuál es nuestro propósito en esta vida. El tiempo que pasamos con el Señor produce sabiduría, discernimiento, seguridad y fe para ministrar. Cuando más cerca estoy del Padre, tanto más valentía, fortaleza, visión y poder tengo. Yo solo no soy nada, no poseo nada y no puedo hacer nada. Pero en Cristo, el Padre me puede usar para cumplir sus propósitos en este mundo.

A lo largo de los años, he descubierto que al pasar tiempo con el Padre:

- Dispongo de más tiempo para tener una vida equilibrada con mi familia, trabajo, amigos y para hacer mis cosas personales.

- Me da más paciencia y comprensión para lidiar con las personas difíciles.
- Me da más poder y autoridad para cumplir con las obligaciones del Reino.
- Me abre más oportunidades para compartir a Cristo, alentar a los que sufren y prestar ayuda a los necesitados.
- No tengo que preocuparme de las ofrendas, concurrencia o si funciona el cartel luminoso de la iglesia. Además duermo mejor.

En otras palabras, el pasar tiempo con Dios me permite satisfacer las exigencias de todos los días y de los días que habrán de venir. Estoy seguro de que mi capacidad para tener buenas relaciones es el resultado directo de estar en la presencia de Dios.

Pienso que Moisés experimentó lo mismo. Cuando se retiró de la presencia del Señor, la gloria de Dios resplandecía en su rostro y tenía el poder y la autoridad para conducir a los israelitas al siguiente lugar o a superar la siguiente crisis. *El tiempo que pasamos a solas con el Señor es la clave de las buenas relaciones.*

El tiempo que pasamos con el Señor es la base de las buenas relaciones, pero nuestras relaciones con la gente tienen muchas dimensiones. Sólo de la experiencia de Moisés, puedo pensar en el gran número de roles que tuvo en su relación con los israelitas. Ellos incluyeron:

- Líder
- Historiador y escritor
- Legislador
- Portavoz y comunicador
- Comandante en jefe del ejército israelita
- Juez

- Teólogo y líder espiritual
- Recaudador de fondos
- Maestro mayor de obras
- Intercesor
- Partidario de la disciplina

Estos son los roles que me vienen de inmediato a la mente. En sus diversos roles, Moisés se relacionó con los diversos individuos y grupos y cada grupo exigió una clase diferente de liderazgo.

LA OPOSICIÓN, LOS OBSTÁCULOS Y LOS ENEMIGOS

El faraón es un ejemplo clásico de cómo tiene que relacionarse un líder con sus enemigos y obstáculos y lidiar con ellos. Todos los líderes se enfrentan a la oposición en forma de personas, grupos, fuerzas, leyes, movimientos, etc. Parte del liderazgo es ayudar a la gente a superar oposiciones, obstrucciones y obstáculos. Moisés tuvo grandes obstáculos para enfrentarse al faraón, pero tuvo que hacerlo para poder sacar a los israelitas de Egipto.

Es importante saber qué personas o fuerzas están en contra de nosotros, tomarlas con seriedad y enfrentarlas lo antes posible con todo nuestro vigor. No podemos hacer nada hasta no haber conquistado a nuestros enemigos, oposición y obstáculos. Puede llevar poco o mucho tiempo hacerlo, pero aprendemos de Moisés que las obstrucciones a la voluntad de Dios y sus planes tienen que ser superadas.

No se desalienten cuando enfrenten oposición. Es de esperar, tanto de adentro como de afuera. Moisés tuvo que sofocar insurrecciones (Números 14.1-35), calmar intentos de socavar su liderazgo (Números 12.1-15), resistir al faraón y su ejército y responder a naciones como los amalecitas (Éxodo 17.8-16) y los amorreos (Números 21.21-32).

Cómo líderes, no debemos sorprendernos o desalentarnos cuando enfrentamos oposición. Viene con los cambios o cuando desafiamos el estado de las cosas. Sin embargo, el esperar oposición no es lo mismo que disfrutarla. Ningún líder disfruta de la oposición o de las obstrucciones que amenazan la visión que han recibido de Dios. Muchas veces lideramos a nuestra gente de cara a una resistencia obcecada, poderosa y formidable. Si Dios nos guía como líderes a cumplir su voluntad, tenemos la victoria asegurada frente a toda resistencia. No tenemos excusa de no luchar o de no invertir toda nuestra energía espiritual, mental y física. La valentía es la fe puesta a prueba, cuando determinamos enfrentar nuestros miedos para llevar a cabo la voluntad de Dios.

Cuando Moisés dudó de su éxito, Dios le dijo:

Ahora verás lo que voy a hacer con el faraón. Realmente, sólo por mi mano poderosa va a dejar que se vayan; sólo por mi mano poderosa va a echarlos de su país. (Éxodo 6.1)

Cuando Dios estaba por enviar la décima plaga, las Escrituras dicen:

El SEÑOR hizo que los egipcios vieran con buenos ojos a los israelitas. Además, en todo Egipto Moisés mismo era altamente respetado por los funcionarios del faraón y por el pueblo. (Éxodo 11.3)

Tienen que recordar que es el Señor quien obra a través de ustedes para lograr sus propósitos. No hay razón para creer que no podrán superar cualquier oposición mientras estén cumpliendo su voluntad.

Los grandes líderes enfrentan la oposición con fortaleza de carácter y el poder de su llamado y visión. No todos los que lideramos o conocemos o confrontamos son nuestros amigos y aliados. Hay personas malvadas en todas partes con las que tenemos que lidiar. Tenemos que confiar en que Dios nos dará la sabiduría y coraje para enfrentarlas con fortaleza y poder. Él nos dará lo que necesitamos en esas situaciones, pero tenemos que usar lo que nos da para confrontar a la oposición.

LA FAMILIA

Es poco lo que sabemos de la familia de Moisés. Su esposa era Séfora, una de las siete hijas de Jetro, y sus dos hijos eran Guersón y Eliezer. Tenemos más información sobre su suegro, Jetro, que le dio trabajo cuidando sus rebaños cuando Moisés huyó de Egipto. Jetro mantuvo protegida a la familia de Moisés mientras él estaba en Egipto confrontando al faraón. Cuando Israel marchó al desierto, Jetro se la llevó allí. No podemos proyectar en la época y vida de Moisés algunos de los principios del matrimonio y la familia que disfrutamos hoy día. Pero podemos ver que, en su vida, la familia era muy importante para él. Cuando regresó a Egipto, él protegió a Séfora y los niños. A pesar de que regresaron inicialmente con él, más tarde regresaron a la protección de Jetro. Moisés deseaba estar seguro de que estaban protegidos.

Moisés respetaba al padre y a la familia de su esposa. Conoció a Séfora y sus hermanas junto a un pozo de agua donde él las defendió de algunos pastores que las estaban intimando mientras buscaban agua para darles de beber a las ovejas del rebaño de su padre (Éxodo 2.16-17). Moisés hizo lo debido como hombre, protegiendo a esas mujeres de todo daño y malos tratos. Años después,

Moisés le preguntó a Jetro si podía regresar a Egipto para ver cómo estaba su familia, demostrando su profundo respeto por Jetro y por su esposa (Éxodo 4.18).

Sabemos que Moisés y Jetro se tenían un gran respeto mutuo. Moisés reconoció la sabiduría de Jetro cuando él le dijo cómo organizar jueces que le ayudaran a resolver las disputas de los israelitas. Moisés invitó a Hobab, su cuñado, para que fuera con ellos a la tierra prometida y le ofreció las mismas bendiciones que los israelitas habían recibido del Señor.

Moisés hizo lo que cualquier esposo, padre y miembro de una familia hubiera hecho, o sea, hizo lo correcto. Mediante su trabajo, proporcionó lo que su familia necesitaba. La protegió de los peligros reales y potenciales. La respetó aceptando los consejos de Jetro y fue generoso con ella ofreciendo llevar a Hobab y su familia a la tierra prometida.

Un líder tiene que tener una base sólida para construir con éxito su relación con su familia. Ustedes son únicos como personas y tienen una tarea única que les ha encomendado Dios. Eso significa que su relación con su familia es algo exclusivo para todos ustedes. Pero tienen que darse cuenta de que cuando Dios nos llama para realizar una tarea, él llama también a nuestra familia, nuestro esposo o esposa y nuestros hijos. Dios no nos pide que destruyamos nuestra familia para servirlo.

Un hombre provee para su esposa y sus hijos y los protege bajo la autoridad de Dios. No los sirve como el líder de una organización, sino como un esposo y padre cariñoso que los ama. Una mujer respeta a su esposo y lo alienta. Ella ama y nutre a sus hijos para que puedan crecer en un ambiente amoroso y seguro. El matrimonio sólido de un líder influye en los hijos de manera fundamental. El anteponer los intereses de sus hijos a los suyos propios le permite hacer lo mejor para ellos. Cuando sirve al Señor, un líder siempre tiene obligaciones que ponen presión sobre él. Pero esas obligaciones no son nunca una razón o excusa para descuidar a su familia.

Vemos que Moisés cuidó a su familia.

SOCIOS Y AYUDANTES

Como hemos notado ya, Moisés se benefició de muchas personas que lo ayudaron a liderar a Israel con éxito. Aarón fue su portavoz y el primer sacerdote nombrado para liderar a Israel en adoración. Jetro fue su consejero y quien lo respaldó cuando sacó inicialmente a Israel de Egipto. Josué fue su siervo fiel que llevó a los israelitas a la batalla, fue uno de los espías y alguien que siempre permaneció junto a Moisés.

Moisés nombró jueces para que lo ayudaran a resolver las disputas y nombró a setenta ancianos selectos para que lo ayudaran a liderar al pueblo. Esos administradores le resultaban indispensables porque lo ayudaban a *"llevar la carga que te significa este pueblo"* (Números 11.16-17). La responsabilidad por el pueblo de Dios le pertenecía a Moisés, pero sus cargas y el deber de cubrir sus necesidades eran compartidos con esos setenta hombres. Lo que vemos en el liderazgo de Moisés es que seleccionó los hombres para el liderazgo, los instruyó (capacitó y orientó), les aclaró cuál era su tarea, les permitió hacerla y los hizo responsable de cumplirla. Había otros varios ayudantes de los que dependía para organizar a las doce tribus durante la marcha. También artesanos para construir la tienda de reunión y diversos otros líderes como los *"doscientos cincuenta israelitas... personas de renombre y líderes que la comunidad misma había escogido"* (Números 16.2).

Además de liderar a estos líderes, Moisés tuvo que enfrentarse a ellos cuando se sublevaron contra su liderazgo. Ningún líder quiere imaginarse una situación en la que sus empleados o gerentes forman una rebelión activa contra él, pero puede ocurrir. De Moisés, aprendemos que un líder no sólo desarrolla a un equipo de líderes para que lo ayuden sino que también corrige a todo aquel que se subleve contra su autoridad o socave la obra que tiene que llevarse a cabo para cumplir la visión que le ha encomendado Dios.

En Números 16, leemos que hubo una insurrección liderada por tres hombres: Coré, Datán y Abirán. Ellos reclutaron a los doscientos cincuenta hombres que hemos mencionado antes para que derrocaran a Moisés. Lo acusaron delante de la gente de exaltarse por encima de ellos. Moisés no tardó en responder y les dijo qué hacer para ver si Dios apoyaba sus demandas. Por supuesto, el Señor no los respaldó y todos murieron por su insubordinación cuando el Señor los consumió.

Es importante notar que Moisés no lo tomó a nivel personal, ya que vemos que no deseó vengarse por lo que habían intentado hacerle. Su deseo fue que Dios se ocupara de los tres hombres que lo habían acusado falsamente. Pero Moisés inmediatamente los enfrentó y solucionó rápidamente el problema. No hay jamás razón alguna para no ocuparnos inmediatamente de los problemas. No lograremos que se vayan ignorándolos o dejando que el miedo nos paralice.

Cuando yo era joven, mi padre me enseñó una valiosa lección de liderazgo. Había un hombre que trabajaba para él que se negaba a seguir las instrucciones de seguridad mientras operaba una de las máquinas. Durante el verano, yo trabajaba como empleado en esa misma compañía, pero no en la misma división que mi padre.

Yo escuché que el hombre le decía a otro empleado que mi padre le había dicho que dejara de operar la máquina de esa manera insegura, pero que lo seguiría haciendo igual. Alguien (no yo) le dijo a mi padre lo que el empleado había dicho. Esa tarde vi que mi padre salía de su oficina para dirigirse al lugar donde estaba trabajando ese hombre. No pude ver lo que le estaba diciendo, pero la conversación fue breve. Cuando mi padre terminó, se alejó caminando y el hombre dejó la máquina, se metió en su camión y se fue.

Esa noche, durante la cena, le pregunté a mi padre qué había ocurrido. Sin mucha emoción, me respondió: "Cuando tenemos un problema con una persona, es mejor ocuparnos de ello inmediatamente. Le dije lo que quería, él se negó, esto creó un problema y yo me ocupé de eso inmediatamente".

Un líder no tarda en darse cuenta de que los problemas de la gente no mejoran. No se tomen las cosas personalmente. Recordemos que Dios nos ha llamado a lograr algo para é l. Si hay personas en nuestro personal o equipo que no están de acuerdo con nosotros, que se niegan a colaborar o que se sublevan contra nuestro liderazgo, tenemos que actuar con rapidez para resolver el problema. A veces, la gente se arrepiente o cambia de idea acerca de quiénes somos y lo que deseamos. Otras veces, cuando se niegan a hacerlo, ya no pueden servir con nosotros. Cuanto antes nos ocupemos de tales asuntos, tanto mejor será.

LA GENTE QUE LIDERAMOS

Una de las decisiones más difíciles que debe tomar un líder es cómo relacionarse con la gente que lidera. ¿Es posible ser amigos de nuestros empleados o equipo y de las personas de nuestra iglesia u organización? ¿Es acaso sabio ser amigable con algunas de las personas que nos agradan y no con las que nos desagradan?

El liderazgo exige que podamos liderar a la gente tomando importantes decisiones, evaluando nuestro medio ambiente actual, definiendo la realidad de nuestra gente e implementando las opciones difíciles cuando sea necesario. Hay pocas cosas que tienen que hacer los líderes para realizar el trabajo y las tareas que Dios les ha encomendado.

Los grandes líderes son accesibles, honestos y es fácil hablar con ellos. Están abiertos a las nuevas ideas y contentos de poder ayudar a la gente a realizar sus tareas. Pero hay una línea entre los líderes y su gente que no podemos cruzar sin correr el riesgo de fracasar. Esa línea no es fácil quizás de definir pero allí está y tiene que ser reconocida. Mantiene a los líderes en el liderazgo, lo cual significa que ellos pueden hacer lo que hacen los líderes sin ser comprometidos.

Algunas personas dicen que los líderes no deberían tener relaciones estrechas con su gente y otras dicen exactamente lo opuesto. ¿Quién tiene razón? No pienso que sea razonable que un líder no interactúe con su gente, pero tampoco es útil involucrarse tanto con ellos que no puede liderar. El llamado de Dios establece nuestras prioridades y nuestras tareas incluyen relacionarnos con nuestra gente. Pero nuestro liderazgo no puede convertirse en un siervo de nuestras relaciones o dejará de ser efectivo.

Esto es lo que quiero decir: si nuestra relación con nuestra gente compromete o afecta negativamente nuestro liderazgo, tenemos que cambiar algo. Ya hemos establecido que habrá oposición (a veces de nuestra propia gente), conflictos y problemas que tienen que ser resueltos. Habrá veces en que tendremos que decirle a nuestra persona favorita o socio más productivo algo que no le agradará. Habrá veces en que tendremos que corregir o disciplinar a un empleado o persona de nuestra congregación. Habrá temporadas en las que tendremos que comunicar malas noticias a nuestra gente: noticas que los harán enojarse o entristecerse. Esto ocurre y si nuestra relación nos impide hacerlo, entonces hemos perdido la capacidad de liderar.

Moisés es un buen modelo porque él siempre estaba concentrado en la tarea que le había encomendado Dios y en la gente que lideraba. Él intercedía por su gente frente a Dios y representaba a Dios ante la gente. Nunca dejó que nada le impidiera escuchar a Dios o liderar al pueblo de Dios. Para Moisés, todo tenía que ver con Dios y con el pueblo. Él se comunicaba honestamente con la gente, fueran cuales fueran los temas o noticias. Actuaba con integridad y no permitía que ninguna relación destruyera su liderazgo. Si era necesario, podía ser severo, como lo fue con Aarón durante el incidente con el vellocino de oro. O podía ser dulce y compasivo como cuando le suplicó a Dios que perdonara a la gente.

Moisés nunca dejó de liderar a la gente, aun cuando ellos no comprendieran o no les agradara lo que él estaba haciendo. Tenía una misión que cumplir y nada le impediría completarla. Sabía lo que Dios deseaba y qué era necesario para hacerlo: así que eso es lo que hacía. Nada lo distraía de cumplir con su tarea.

Si recordamos que trabajamos para Dios y servimos a su gente, nuestra vida mantendrá un enfoque claro. Un buen líder es amistoso, transparente, abierto, coherente y ama a su gente. Eso no es lo mismo que decir que somos iguales a ellos, porque no lo somos. Dios nos ha llamado a servir sus propósitos sirviendo a los demás, pero eso nos hace diferentes de aquellos a quienes lideramos. No somos más inteligentes, mejores o más espirituales, pero somos diferentes. Esa diferencia nos convierte en líderes.

CÓMO CONTROLAR EL LIDERAZGO

Es posible que si han leído hasta aquí, esto quiera decir que están en una situación en la que están tratando de determinar cómo liderar a su gente para lograr algo. Quizás sea que ellos no entienden lo que ustedes desean hacer o que quizás no desean hacerlo. Los cambios son difíciles, incluso para aquellos que están luchando y fracasando. Su llamado a liderar a su gente va a exigir lo mejor de ustedes, combinado con todo lo que Dios pueda darles.

Constantemente tenemos que recordar lo que Dios nos ha llamado a realizar para cumplir así su voluntad. No debemos perder nuestro enfoque y no debemos permitir que nada ni nadie nos aparte de esos propósitos. Los grandes líderes tienen un agudo sentido de propósito, establecen magníficas relaciones que mueven a la gente hacia los propósitos de Dios y mantienen la perspectiva de qué es lo que se requiere para tener éxito.

Tengo la gran fortuna de haber forjado grandes amistades a los largo de los años en los lugares donde he servido al Señor. En iglesias, organizaciones, empresas, pequeños ministerios, juntas que he integrado y comunidades en las que he vivido. Los amigos que hice durante los años son la verdadera historia de mi vida. Los he amado, servido y liderado lo mejor que pude mientras fui su líder. Les he abierto mi corazón y he compartido mis cargas, sueños, fracasos y las cosas que me entusiasmaban. Pero nunca me eximieron de liderarlos.

Los grandes líderes tienen el privilegio de forjar grandes amistades a lo largo de los años sin comprometer su rol de trabajar para Dios para construir su Reino.

Capítulo seis

Cómo poner los principios en funcionamiento

Los principios que hemos descubierto en la vida de Moisés son sólidos y nos inspiran. Pero ha llegado el momento de abandonar la soledad de nuestros pensamientos y ponernos a trabajar. ¿Cómo tomamos las cosas que hemos aprendido de Moisés y las ponemos en práctica en el lugar donde servimos en este momento?

He resumido algunos pasos que me han sido útiles durante los años que he servido al Señor. Son *principios*, de modo la manera en que ustedes los apliquen puede ser diferente a la mía, pero les ayudarán a traer la visión de Dios a su vida y la vida de su gente. Espero que les sirvan tan bien como me sirvieron a mí.

LA VISIÓN

Los líderes hacen dos cosas primordiales que parecen ser opuestas pero que en realidad obran al unísono. Los líderes definen la realidad actual y luego introducen cambios a esa realidad, lo cual crea nuevas realidades. Si una iglesia está en problemas, la gente puede ver que es necesario realizar un cambio o pueden resistirlo. Si la gente en una iglesia u organización no ve la necesidad de un cambio, el conflicto generalmente acompaña los esfuerzos de un líder por introducir un cambio.

Es importante tener una visión dada por Dios. La visión identifica la realidad actual, revela la necesidad de un cambio, muestra el peligro de no cambiar y revela los beneficios de hacerlo. Además, una visión aporta una imagen del futuro que tiene el poder de atraer a la gente. Cuando la gente entiende la esperanza y el futuro del cambio, se acercan a él con un compromiso que consumarán con sacrificio, devoción y perseverancia.

La experiencia de Moisés lo confirma. Él tenía una visión de Dios. La visión era una realidad que Dios mismo le había dado, pero era también una realidad de lo que Dios iba a llevar a cabo. Una visión dada por Dios es muy diferente a la visión que puede desarrollar una persona. La mayoría de las visiones de las iglesias, corporaciones y organizaciones sin fines de lucro son en realidad sueños. Son lo que tenemos la esperanza de que ocurra si todo va bien. Todos tenemos sueños, pero pocos líderes tienen visiones. Puede llevar tiempo, un gran esfuerzo y enorme paciencia, pero sucederá. Cuando Dios trae cambios, los conflictos nunca están distantes y podemos predecir que habrá guerra espiritual.

Moisés les informó a los israelitas lo que Dios le había dicho. Los ancianos escucharon con interés pero no podían entenderlo ni aceptarlo con el corazón. El faraón simplemente lo rechazó e intentó directamente descartarlo. La visión no cambió, así que Moisés siguió viniendo, refinando su mensaje y comunicándoselo a Israel y el faraón.

Si estamos dispuestos a liderar a nuestra iglesia u organización hacia un mejor futuro, obtengamos una visión de Dios, confiemos en él, comuniquémosla a nuestra gente y entreguémonos a lograrla. La manera de cambiar a nuestra iglesia es conocer claramente los asuntos que evitan que seamos (o nos transformemos) en lo que Dios desea. Tenemos que estar seguros de lo que Dios desea que seamos o lleguemos a ser. Tenemos que conocer las virtudes, debilidades y oportunidades de nuestra iglesia y cuáles son las amenazas, y nuestra gente tiene que coincidir con nosotros. No podemos cambiar lo que no sabemos y no tendríamos que cambiar nada hasta no saber por qué.

Moisés conocía la situación de opresión de los israelitas pero Dios le dio los antecedentes para que pudiera entender por qué tenía que cambiar la situación vigente. Dios le dijo a Moisés que el pacto que había realizado con Abraham, Isaac y Jacob no podía ser quebrantado y que él estaba resuelto a cumplirlo. Al principio, la gente no lo podía entender y el faraón no tenía idea de su existencia, pero allí estaba y era la base de la redención de Dios.

Nuestra responsabilidad no es menor que la de Moisés. Tenemos que escuchar a Dios para saber lo que él está haciendo y lo que desea hacer a través de nosotros. Bíblicamente, el marco esencial se centra en el Reino de Dios. El Reino de Dios es la realidad fundamental en el universo. Los profetas lo predijeron, Juan el Bautista lo anunció y Jesús lo inauguró y lo está llevando a cabo en este mismo momento. Esta es la obra de Dios por medio de Cristo que destruyó las obras del diablo, venció la muerte y está recuperando el territorio que Adán y Eva le cedieron a Satanás en el huerto del Edén.

EL REINO

El avance del Reino de Dios cobró impulso con la promesa de Dios a Abraham y se aceleró cuando Jesús vino a la tierra, murió en la cruz y resucitó de la muerte. Su victoria significa salvación para el pueblo de Dios y juicio para el mundo. El nacimiento de la Iglesia como el agente del Reino de Dios le da una importancia que a veces no percibimos.

La promesa del Reino le fue dada a Moisés en Éxodo 19 cuando Dios le habló a él.

> *Si ahora ustedes me son del todo obedientes, y cumplen mi pacto, serán mi propiedad exclusiva entre todas las naciones. Aunque toda la tierra me pertenece, ustedes serán para mí un reino de sacerdotes y una nación santa.* (Éxodo 19.5-6)

En el centro de todo lo que Dios está haciendo, él está estableciendo el Reino y su gobierno en la vida de su pueblo no sólo para salvarlo, sino para usarlo para llevar a cabo sus propósitos. La visión que tenemos para nuestra iglesia (u organización) tiene que concentrarse en el Reino de Dios o no proviene del Señor. Cristo está edificando su iglesia para fortalecer o extender el gobierno de su Padre entre las naciones. ¿Es ese nuestro sueño? ¿Aceptamos esa visión? Hasta que no lo hagamos, el resto de nuestro liderazgo se perderá. Nuestra energía es buena, nuestras intenciones son puras, pero nosotros no estamos alineados con lo que Dios desea o está haciendo.

Dios le dijo sencillamente que si la gente le obedecía y cumplía su pacto, entonces los israelitas serían un reino de sacerdotes y una nación santa. La intención de Dios es de redimir a su pueblo para que lo representen frente a las demás naciones y para que cumplan con sus propósitos. Esto significa que él forja líderes que lleven a cabo esos propósitos. Su voluntad para este mundo se convierte entonces en nuestras visiones, nuestras estrategias y nuestros planes. Tenemos que escuchar de él y luego responder de acuerdo con lo escuchado. Es Dios quien imagina, planea, lidera y suministra su pueblo para llevar a cabo su voluntad en este mundo.

MALAS Y BUENAS NOTICIAS

Orando, estudiando las Escrituras y teniendo serias conversaciones con nuestra gente, podemos determinar cuáles son las exigencias del Reino de Dios. Luego tenemos que determinar qué asuntos encaramos que pueden ayudar o perjudicar el satisfacer esas exigencias. Ellas tienen que ser también determinadas con la ayuda de los que son parte de nuestro ministerio u organización. Este puede ser un desafío formidable, en especial si nunca lo hemos hecho antes. Pero recordemos que *¡las malas noticias son las buenas noticias!* Correcto, las cosas que podemos descubrir como debilidades o amenazas a nuestro ministerio son cosas que podemos comenzar a abordar de inmediato. Además, descubriremos que las virtudes y potencial de nuestra iglesia nos ayudará a superar las cosas que nos amenazan.

A la mayoría de los líderes no les gusta escuchar malas noticias. Con todo lo que encaramos cada día, el tener aún más problemas puede parecernos algo abrumador. Pero los problemas son parte de la tarea que se nos ha encomendado. Los líderes resuelven problemas y mejoran las cosas para llevar a cabo su misión. Hay que tener valentía y fe para poder encarar los problemas que nos amenazan, pero con valentía y con fe los problemas se convierten en las oportunidades que necesitamos para tener éxito.

En un cierto sentido, la experiencia de vida de Moisés fue una larga serie de problemas que tuvo que enfrentar como líder de Israel. Tuvo problemas para convencer a la gente de que Dios los liberaría. Tuvo que mantenerse concentrado cuando el faraón hizo que su tarea fuera más difícil y se enojó con él. Tuvo una lucha gigantesca con el faraón, constantemente exigiendo que Egipto liberara al pueblo hebreo de la esclavitud. Moisés tuvo que administrar la comida y el agua durante todo el trayecto. Tuvo que lidiar con su idolatría, rebeliones, terquedad y miedo constante. Se enfrentó a naciones en guerras y vio cómo los israelitas rechazaban las leyes que habían prometido obedecer. Vivía en una constante tensión, mediando entre Jehová y su pueblo. ¡Vaya!

El liderazgo del Reino no es para los débiles ni los cardíacos, ¿no les parece? Tenemos que ver la vida de Moisés como un patrón para nuestro propio trabajo. Es un largo viaje en una dirección ordenada y en nuestras luchas diarias no podemos perder de vista la visión u objetivos. Moisés soportó sus problemas todos los días para que Israel pudiera finalmente llegar a la Tierra Prometida.

Los asuntos que enfrentamos y que superamos hoy nos llevan a nosotros y nuestra gente más cerca del destino que Dios ha ordenado. El liderazgo es lucha, pero es también imaginación, comunicación y celebración. Las breves celebraciones que disfrutamos las ganamos a menudo mediante luchas desesperadas.

Aquí percibo otro principio del liderazgo. *No podemos alcanzar los deleites de nuestra visión hasta no satisfacer las exigencias de nuestros problemas.* Si ustedes son como yo, no disfrutan de los problemas. Pero yo he llegado a comprender que (1) no se van por sí solos y (2) si los dejamos solos, empeoran. Además, sé que no le puedo pasar mis problemas a nadie. Son míos y yo tengo que lidiar con ellos. Siempre puedo encontrar personas que me ayuden y aconsejen pero, al final, como líder, yo tengo que ocuparme de mis propios problemas.

Dado que nuestros problemas no se van hasta que no lidiamos con ellos, lo mejor es enfrentarlos con fe y valentía. Dios nos ha llamado a ser líderes. La iglesia u organización que servimos le pertenecen a él y nosotros estamos llevando a cabo una tarea del Reino. Dios nos envió y él nos dará lo que necesitamos para enfrentar las exigencias que encaramos. Confiemos en él y tengamos la valentía de hacer lo que sea necesario y correcto con la sabiduría y discernimiento que él nos ha dado. Si lo hacemos, todo va a paulatinamente mejorar.

Por un momento, hablemos con honestidad. Algunos de nosotros hemos sido llamados y enviados a algunos lugares muy difíciles. Los desafíos que podemos encarar hoy pueden ser difíciles, amenazantes y desalentadores. Algunas iglesias son muy diferentes de lo que Dios desea. Algunas organizaciones luchan constantemente con la falta de fondos, mal desempeño de sus empleados, asuntos legales y muchos problemas de esta naturaleza. Sin embargo, a pesar de los problemas, nosotros seguimos avanzando, ya que los problemas los resuelve Dios y nosotros somos sus siervos, unidos a él en su tarea. Él obra victorias para su pueblo, mediante su pueblo. Opera a través de su pueblo dándole líderes que en su nombre y por su pueblo enfrentan problemas, dificultades, enemigos y batallas.

Tomen todo el tiempo necesario para sentarse con su gente e identificar y comunicar su visión. Luego identifiquen con cuidado los problemas que enfrentan que les impiden alcanzarla. Hagan una lista de las oportunidades y virtudes que tienen, pero estén decididos a enfrentar los problemas con la ayuda de Dios, y así será.

LA ESTRATEGIA

Hay muchas definiciones de la estrategia, pero sugiero que una manera útil de mirar la estrategia es pensar qué es lo que planeamos hacer para lograr que nuestro sueño o visión se haga realidad. Estas intenciones son frecuentemente llamadas "intenciones estratégicas" y nos ayudan a estructurar lo que tenemos que hacer para lograr que nuestra gente llegue a donde tienen que llegar en un determinado período de tiempo.

Dios le ayudó a Moisés establecer su estrategia dándole el final del viaje primero. Bosquejó su promesa a Abraham, Isaac y Jacob y luego reconoció el sufrimiento de los israelitas en Egipto. Pero esa no era la visión. La voluntad de Dios para su pueblo era más concreta que una promesa antigua o un reconocimiento compasivo de su esclavitud. Él tenía presente un final que requería un líder, un viaje y una tierra. Dios deseaba que su pueblo viviera en una tierra que él les suministraría. Para llegar a esa tierra, la gente tendría que experimentar un largo viaje en una dirección fijada. Jehová era su Dios, Moisés, su líder; la ley era su guía y el desierto era la escuela donde se forjarían su obediencia y su fe.

Somos líderes, tenemos una visión y ahora necesitamos una estrategia que revele nuestras intenciones: cómo vamos a alcanzar nuestros sueños. Dios nos ha llamado a él, nos ha dado su voluntad (nuestra visión) para nuestra gente y nos ha asignado una tarea para el Reino. Cuando la voluntad de Dios se convierte en nuestra pasión, comenzamos a tener ideas de cómo lograr lo que él desea. El tiempo que pasamos con el Señor y con nuestra gente nos ayudará a aclarar nuestras intenciones para lograr las cosas que tenemos que hacer.

Moisés pasó tiempo con el Señor recibiendo instrucciones sobre qué decir y hacer por los israelitas y, de esos momentos con el Señor, surgió un sólido liderazgo. Ningún líder tiene toda la información que desea todo el tiempo, pero aún así tiene que tomar decisiones y tiene que implementarlas. Las intenciones que expresamos claramente nos mantienen concentrados cuando las cosas no son exactamente lo que nos gustaría. Nuestra visión y nuestra estrategia o intenciones estratégicas son el *qué* y *dónde* de lo que Dios nos llama a hacer.

EL PLAN DEL MINISTERIO

A la larga, tenemos que determinar *cómo* vamos a alcanzar nuestra visión. Estos son los pasos que debemos tomar para que las cosas marchen en la dirección correcta. La lectura de Éxodo revela un número de cosas importantes que Moisés tuvo que hacer para lograr que los israelitas se pusieran en movimiento. Les dio instrucciones sobre cómo preparar la Pascua, cómo alistarse para salir rápidamente de Egipto y cómo recaudar bienes de los egipcios al irse (Éxodo 12). Una vez en camino, tuvo que organizar a la gente para la marcha. Tuvo que darles instrucciones sobre qué comer, qué hacer para obedecer los mandamientos del Señor y cómo prepararse para ingresar en su nueva tierra. Estas cosas son el *cómo* de lo que se tiene que hacer para ir de Egipto a Canaán.

Nosotros tenemos que hacer lo mismo. La tarea de un líder nos es sólo definir el qué, por qué y dónde, sino también el cómo. Personalmente, yo pienso que articular la visión de Dios es la tarea más difícil. Pero pienso que el bosquejar cómo se habrá de completar la visión es la más tediosa. Las visiones son grandes cuadros con imágenes convincentes de un futuro mejor que todos desean. Cuando lideramos, los planes para alcanzar esa visión son los detalles en los que frecuentemente nos perdemos. El no prestar atención a los detalles es una fórmula segura para fracasar.

Moisés comunicó diversas cosas a los israelitas. Les dio imágenes grandiosas de una tierra saturada de leche y miel, viñedos y campos maduros para la cosecha, agua fresca y casas. También les ordenó en detalle cómo adorar, cómo construir la tienda de reunión y qué comer. Algunos dicen que el liderazgo es la visión y que la administración son los detalles de la tarea para alcanzar la visión. En realidad, el liderazgo es ambas cosas y tenemos que hacer las dos cosas bien. Tal como los problemas que preferiríamos evitar, la mayoría de nosotros desearíamos dejar los detalles a cargo de los demás. Es necesario delegar los detalles a otros, pero no podemos eludir la responsabilidad de asegurarnos de que esos detalles se realicen correctamente.

EL TRABAJO, LA GENTE, EL ALINEAMIENTO Y LOS OBSTÁCULOS

El trabajo

Una parte de la tarea de cómo conseguir que se hagan las cosas está relacionada con la tarea que ha de llevarse a cabo, quién hará la tarea, cómo se alineará (organizará) la gente para hacer la tarea y qué obstáculos tienen que ser superados para alcanzar el éxito.

¿Han determinado la tarea que tiene que llevar a cabo la gente esta semana para avanzar al lugar que el Señor ha determinado para ellos? ¿Pueden decir semanal o diariamente si están haciendo lo que deben hacer para cumplir la Gran Comisión? ¿Están trabajando en las cosas que cuentan para el Reino? ¿Han alineado correctamente a la gente para que logren el éxito? Si no es así, ¿cómo sabrán si les está yendo bien? ¿Cómo lo sabrán ellos?

Si han decidido llevar a su gente a una visión que les ha dado Dios (o lugar), entonces ¿qué tendrán que hacer hoy, esta semana, este año para llegar allí? Estas son consideraciones importantes que los mantendrán a ustedes y su gente ocupados en las cosas esenciales y evitando lo trivial.

La meta de nuestro liderazgo es facilitar y simplificar lo más posible la tarea de nuestra gente de vivir para Cristo y servir sus propósitos. Si nuestra visión es llevar a cabo la Gran Comisión, ¿estamos operando para alcanzar ese fin? Tenemos que identificar los detalles de la obra que ha de hacerse, los detalles de qué tarea se está haciendo y luego hacer los ajustes necesarios para detener todo aquello que no sea de ayuda y dar comienzo a lo que sea de utilidad.

La gente

Otra tarea es determinar los dones y preparación de nuestra gente para la tarea que habrá de hacerse. Quizás recuerden que en un capítulo previo hablamos sobre la cantidad de veces que tenemos que comunicar la visión a la gente. Hasta que la gente comprenda qué es lo que Dios les pide que hagan, no se esforzarán por lograrlo.

Uno de los rasgos que no me ha sido siempre útil es mi optimismo de que la gente que lidero está dispuesta a hacer lo que yo deseo que hagan en la manera que yo deseo. Pienso que es una condición crónica a la que se enfrentan muchos líderes llamada "optimismo de líderes". Dios nos llama a realizar una tarea para el Reino y nos llena de energía la idea de lo que se puede lograr. Vemos claramente la sabiduría de lo que Dios desea y el camino que debemos tomar para alcanzar esa visión. Pasamos tiempo en oración y estudio bíblico, buscando comprender cuál es la voluntad de Dios. Como Moisés, vamos a la montaña de Dios con frecuencia y escuchamos su voz. Regresamos de esos momentos con la seguridad de su presencia y su voluntad para nuestra iglesia u organización. Consideramos lo que vemos como asuntos tanto positivos como negativos y cómo llevaremos a la gente al éxito que promete la visión. Incluso lo conversamos con algunas personas y ellos parecen interesados y quizás incluso entusiasmados.

Llega el momento en que se desvanecen todas nuestras dudas sobre lo que Dios desea. Nuestros temores y dudas personales se resuelven y estamos listos para avanzar. Estamos de pie frente a nuestra gente con las buenas noticias de que Dios ha hablado, vienen cambios y está comenzando un nuevo trayecto. Entregamos estas noticias esperando un compromiso gozoso de la gente. Pero muy a menudo su respuesta va desde la confusión a una completa rebeldía. Estamos atónitos de que estén tan poco entusiasmados. Nos sentimos rechazados, frustrados, decepcionados y quizás enojados.

¿Qué acaba de suceder? Un claro caso de "optimismo de líderes", suponiendo que todo lo que nosotros pensábamos era lo que pensaba nuestra gente. A menos que estemos en una situación única o hayamos estado con nuestra gente mucho, mucho tiempo, rara vez ocurre de esa manera.

Moisés experimentó esto casi todas las veces que se reunió con el Señor y recibió instrucciones de él. La gente casi nunca lo comprendió la primera vez ni aceptó lo que decía. Uno de los mejores obsequios que nos podemos hacer es una visión realista de la gente que lideramos. Es posible que no nos agrade lo que vemos, pero esas personas son lo que son en este momento. Podemos liderarlas hacia un cambio, pero tenemos que comenzar en el lugar donde están ahora. Sus primeros pasos hacia la tarea requerida para alcanzar la visión pueden ser pequeños y es posible que nos decepcione su lentitud, pero nuestra persistencia siempre tendrá sus frutos. Si comprendemos los detalles de sus tareas, entonces podremos ayudarlos a realizarlas. ¿Recuerdan que Jetro le aconsejó a Moisés que le dijera a la gente qué es lo que tenían que hacer y que les mostrara cómo hacerlo? La gente puede y va a aprender casi cualquier cosa si entienden lo que deseamos que hagan y por qué deseamos que lo hagan. La obra del reino no es difícil. Es sólo importante.

Pienso que un buen principio de liderazgo que tenemos que recordar es: *los líderes del Reino evalúan a su gente de manera objetiva para determinar cuáles son las virtudes y debilidades que poseen para realizar la tarea necesaria para alcanzar su visión.*

El alineamiento

Si no conseguimos alinear a la gente en su tarea, reinará el caos. La organización incluye más que renglones y casilleros en una presentación impresa o de medios. Ella incluye lo siguiente:

- Gente en relación con otra gente para realizar la tarea,
- El tiempo que necesita la gente para realizar la tarea,
- El espacio para realizar la tarea,
- El dinero para subvencionar la tarea,
- La capacitación para realizar la tarea,
- Los recursos o todas las "cosas" que se necesitan para hacer la tarea.

Para ser eficaces, las personas tienen que relacionarse correctamente, hacer lo que tienen que hacer, con los elementos adecuados para la tarea. La organización sola no traerá el éxito (sólo la gente puede hacerlo), pero el alineamiento equivocado puede llevarnos al fracaso, generar ineficiencia o prolongar el proceso de manera indebida.

Si la visión y las intenciones de lo que vamos a hacer para concretar nuestra visión no son claras, no podemos organizar correctamente nuestra tarea. Ubicaremos a la gente en el lugar incorrecto, dedicaremos tiempo a trabajar en cosas que realmente no importan, gastaremos dinero que no tenemos, capacitaremos en las cosas equivocadas y usaremos las "cosas" indebidas para no llegar a nada. Aparte de eso, ¡no tenemos nada de qué preocuparnos!

Es difícil mantener a la gente concentrada en el panorama general mientras nos ocupamos de los detalles necesarios para hacer la tarea correcta. Pero es la responsabilidad del líder asegurarse de que todo se haga de acuerdo con los planes e intenciones que todos saben que nos ayudarán a ser, hacer y lograr lo que Dios desea.

Es posible que nuestra visión no esté claramente expresada o que nuestra gente no esté un cien por ciento detrás de lo que Dios desea que se haga. En ese caso, ¿qué debemos hacer? Tenemos que seguir trabajando para desarrollar y expresar la visión y nuestras intenciones (el *qué* y el *por qué*). No nos detengamos aun cuando las cosas no sean lo que deseamos en ese momento. Y trabajemos en la tarea. O sea, dediquémonos a conocer a nuestra gente: quiénes son, qué piensan y qué pueden hacer. Analicemos nuestro espacio y nuestras finanzas. ¿Estamos utilizando bien nuestro espacio? ¿Estamos gastando el dinero con sabiduría? ¿Y la capacitación que necesita nuestra gente? ¿Necesitan asimilar nuevas prácticas o adquirir más conocimientos? ¿Tenemos que comenzar a modificar la manera en que pasamos tiempo con ellos?

Podemos ya mismo dedicarnos a esta tarea, así que pongámonos a trabajar.

Los obstáculos

Hemos abordado la realidad de los problemas a los que se enfrentan los líderes. Los obstáculos están en la categoría de los problemas que experimentamos y que requieren respuestas. Pero yo deseo usar los obstáculos con un sentido diferente al de asuntos comunes y fastidiosos que enfrentan los líderes.

Tenemos que determinar qué obstáculos verdaderos impiden que alcancemos nuestra visión. Si va a aumentar la concurrencia a nuestra iglesia, entonces el espacio es un asunto inmediato. ¿Qué haremos para superar el espacio reducido? Si no lo superamos, el crecimiento será imposible. Si necesitamos más dinero, ¿cómo lo recaudaremos? ¿Edificaremos a mayordomos del Reino o recaudaremos simplemente dinero?

¿Podremos convencer a nuestra gente de que le dedique más tiempo a nuestra visión o regresarán ellos a sus propios asuntos? ¿Disponemos de la clase de gente que puede (o desea) hacer la tarea necesaria para lograr lo que Dios nos indica?

El superar obstáculos es parte del liderazgo. Nuestra creatividad será puesta a prueba cuando enfrentemos lo que amenaza a nuestra visión. Cuando nos topamos con un obstáculo, tenemos que eludirlo, pasarle por encima, por debajo o atravesarlo, en especial si no lo podemos eliminar por completo. Los líderes tienen que hacer muchas cosas a la misma vez, pero ocuparse de las verdaderas barreras es una de las tareas importantes.

¿Recuerdan el obstáculo más famoso de Moisés? Correcto: el Mar Rojo que se alzaba portentoso delante de los israelitas y el ejército del faraón que ya casi los alcanzaba. Moisés no podía poner de lado sus otros deberes pero tenía que lidiar con el mar. Como un obstáculo, yo lo considero quizás uno de los mayores obstáculos que tuvo que jamás enfrentar un líder.

La escena de Éxodo es clásica. Moisés y los israelitas habían salido con prisa de Egipto, llevando los restos de

José "en formación de combate" debajo de una columna de nube durante el día y una columna de fuego durante la noche (13.16-22). Marcharon hacia el desierto y acamparon allí hasta que el Señor le dijo a Moisés que llevara a todo el pueblo en dirección al Mar Rojo. Todo fue bien hasta que alguien se dio cuenta de que el faraón había cambiado de idea y había enviado su ejército para que los trajera de regreso a Egipto.

Las palabras de la gente son clásicas. "*¿Acaso no había sepulcros en Egipto, que nos sacaste de allá para morir en el desierto?*" (14.11). Dando fuerza a sus miedos y criticando a Moisés, ellos le preguntaron si se había olvidado que ellos le habían dicho: "*¡Déjanos en paz! ¡Preferimos servir a los egipcios!*" (14.12).

Qué suerte que una visión crea optimismo, ¿no? Un ejército se aproxima y acorrala a toda una nación contra el Mar Rojo, que era un obstáculo sobre el que no podían caminar, pasar por debajo o darle la vuelta. Era un obstáculo que parecía imposible de superar. Moisés hace lo que hacen muchos líderes cuando no tienen respuesta: le dice a la gente que se detenga y observe lo que hará el Señor. Mientras estaba hablando, el Señor lo interrumpe y le dice que haga que la gente inicie la marcha para cruzar el mar. Esa es una opción que dudo que hayan discutido. Pero Dios divide las aguas, la gente cruza el mar sobre tierra seca y, al final, el faraón y su ejército son destruidos.

Aquí podemos aprender mucho sobre cómo superar obstáculos. Los de ustedes son de ustedes y los míos son míos, pero cada uno que enfrentamos nos impide avanzar. Lo que proviene de aquí para los líderes incluye:

- Dios está obrando y nuestros enemigos y obstáculos no se comparan con lo que él está haciendo.
- Él nos dará sabiduría, discernimiento, poder y autoridad para superar nuestros obstáculos.

- No importa lo que Dios haga, tenemos que unirnos a él con la fe de que veremos como se eliminan nuestros obstáculos.
- Las cosas que nos amenazan hoy podrían ser exactamente lo que Dios va a usar para destruir a nuestros enemigos mañana.
- Dios tiene el poder que les da a sus líderes para ayudar a su pueblo a superar sus obstáculos.
- Dios siempre nos libera a tiempo y nunca demasiado temprano ni demasiado tarde.

Los obstáculos son una verdadera amenaza, pero pueden y van a ser eliminados cuando Dios obre a través de nosotros para llevar a cabo su voluntad. Sin embargo, no tratemos de eliminarnos con nuestra propia fortaleza y sabiduría. Dios nos dará la sabiduría, recursos y el momento preciso para hacerlo. Cuando enfrentemos obstáculos, sigamos avanzando hasta que Dios nos diga: "Deténganse" y comencemos a avanzar de nuevo cuando Dios nos diga: "Vayan".

PONGÁMONOS EN MARCHA

El aprender liderazgo de Moisés nos entusiasma y motiva. Estamos donde estamos en este momento hasta que Dios nos indique lo contrario. Así que pongámonos en marcha. Pasemos tiempo con Dios y nuestra confianza en lo que él está haciendo y desea hacer aumentará. Pasar tiempo con Dios siempre me ayuda a aclarar lo que estoy haciendo. Además, me doy cuenta de que cuando oro y leo la Biblia, decrecen mis miedos y aumenta mi fe. Encuentro la fuerza que necesito para enfrentar mis pruebas.

Cuando Dios nos habla, esto tiene un gran efecto en nuestra gente. Ellos se van a percatar de nuestra visión, nuestro entusiasmo y nuestra confianza en lo que Dios está haciendo. Los cambios que vean en nosotros serán un catalizador para su propio cambio.

Si no están seguros de su situación presente y lo que Dios desea que hagan como líderes, pasen tiempo con él. A pesar de los compromisos del trabajo y la familia, separen un rato para estar con el Señor. Quizás no puedan tomarse todo el tiempo que desearían, pero pueden comenzar con el tiempo del que disponen. Yo recomiendo empezar desde cero. No comiencen desde donde están y los problemas a los que se enfrentan en este momento. Regresen al momento de su salvación y recuerden cómo Dios los redimió. Piensen en lo que estaban pensando entonces y cómo se sintieron. Agradezcan a Dios por salvarlos.

Luego tomen el tiempo necesario para recordar el momento en que Dios los llamó a servirlo. No podemos olvidarnos de ese llamado. Es imposible no recordar lo que estábamos haciendo y cómo nos sentimos cuando escuchamos su voz. ¿Recuerdan lo que les dijo? ¿Recuerdan cómo se sintieron o lo que le respondieron? ¿Tenían miedo como Moisés? Como Isaías, ¿sintieron que no lo merecían? ¿Ardió el fuego en sus huesos como Jeremías o cobró vida el Reino como en el caso de Juan el Bautista?

Nuestro llamado es a menudo lo que nos mantiene en el ministerio que Dios nos ha asignado cuando todo lo que nos rodea nos grita que abandonemos la lucha y huyamos de allí.

Además de estas dos cosas, me gusta recordar los momentos en que Dios obró grandemente en mi vida. Me agrada recordar los sermones que emocionaron a la gente, las decisiones que tomé que ayudaron a la iglesia a crecer, y los momentos cruciales en que Dios me dio sabiduría, protección y victoria sobre los enemigos y los obstáculos que me amenazaban a mí y a mi ministerio. Me agrada recordar los momentos en que Dios me liberó de cosas que superaban mi control. Me gusta también pensar en aquellos momentos especiales en que el Espíritu Santo abrió mi mente a las cosas en las Escrituras que cambiaron mi vida.

Todos tenemos esas cosas en nuestro pasado, asegurándonos que las tendremos en el futuro. Dios tiene grandes planes para nosotros y confiar en él garantiza que veremos cómo esos planes cobran vida. Por difícil que sea la lucha en este momento, por largo que sea el camino que tenemos por delante y por muchos que sean los sacrificios que tengamos que padecer, Dios llevará esos planes a su fin. Nuestra tarea es confiar, obedecer y trabajar hasta que Dios diga basta.

Moisés nunca ingresó en la Tierra Prometida, pero el pueblo de Dios sí. Ellos ingresaron en la nueva nación completamente equipados y preparados para vivir en la tierra que Dios les había dado. Moisés realizó su tarea a pesar de sus decepciones, giros, reveses y fracasos personales. Así lo harán ustedes. Ustedes terminarán su viaje si verdaderamente creen que Dios los ha salvado y llamado a ser sus líderes. Hay y habrá días en que preferirían no serlo y habrá días de victoria y avances que disfrutar. Los días en sí no son la medida final. La recopilación de esos días es lo que cuenta. Hoy día, ¿le son fieles a aquél que los salvó y llamó? Si no es así, corríjanlo y regresen a la obra del Reino.

No esperen el momento perfecto para liderar. Ahora es el momento y ustedes son los únicos que pueden liderar a su gente. No pueden liderar a la gente de los demás, de modo que lideren a su gente. Con la valentía de nuestro Rey, llevemos a cabo hoy su tarea. Ningún líder se forja al instante. Lleva años de experiencias, fracasos y victorias lograrlo.

De modo que comencemos y quién sabe, en algo así como cuarenta años, quizás alcancemos la cima de nuestro liderazgo.

Una última palabra

Realmente espero que hayan disfrutado de la lectura de este libro. A menudo leo a escritores que no conozco y me pregunto por qué habrán escrito algo con lo que no concuerdo o comprendo. Quizás eso les ha ocurrido a ustedes aquí, de modo que deseo añadir algo que considero importante y que espero que los anime.

Soy pastor y he pasado más de cuarenta años en el ministerio. He realizado muchos, muchos errores como líder: algunos por ignorancia, algunos por orgullo, algunos como fruto de mi inexperiencia y otros por ir demasiado deprisa. Uno de los errores que espero evitar durante los años que me restan como líder del Reino es el error de no desarrollarme como líder. Moisés me alentó a seguir liderando, aprendiendo y desarrollándome. Cuando tenga que dejar de lado mis tareas, espero que sea en mi mejor momento como líder. Tengo la pasión de que los demás conozcan a Cristo, entreguen a él su vida con fe como su Salvador y Señor, maduren en Cristo y estén capacitados para servirlo. Esa es la visión bíblica a la que me he dedicado toda la vida. Aunque aún no la he perfeccionado, lo sigo intentando.

Si se sienten alentados y motivados a desarrollarse como líderes, he triunfado. Si han tomado la decisión de permanecer trabajando a pesar de los peligros y las dificultades, he triunfado. Si han regresado a su salvación y llamado y esto los ha fortalecido como líderes, he triunfado. Si su pasión por el Padre, Cristo y el Espíritu Santo se ha incrementado y están dispuestos a ir al sitio adonde Dios los envíe, o permanecer allí donde están, decir lo que él dice y hacer lo que les muestra, he triunfado.

Considero que el máximo privilegio es estar en el ministerio para anunciar las Buenas Nuevas y para unirme a Cristo en la edificación de su Iglesia (e iglesias) y expandir su Reino. Un día nos reuniremos todos en la eternidad para conversar con alegría sobre nuestras experiencias en la tierra y lo que Dios logró a través de nosotros. Hasta ese día, estoy contento de ser contado con ustedes como uno de los líderes de Dios, esforzándonos todos por lograr sus propósitos.

Que Dios los bendiga al encontrarlos siempre abundando en la obra del Señor.

Gene Mims
Nashville, Tennessee

Apéndice
28 principios del liderazgo

1. Lleva mucho tiempo convertirse en un gran líder.
2. Los fracasos personales no significan el fin de nuestro liderazgo.
3. Dios nunca nos llama a cosas pequeñas o insignificantes.
4. Dios está constantemente trabajando en el mundo para establecer sus propósitos y trabaja a través de líderes para lograr esos propósitos.
5. Por lo general, Dios nos llama a realizar cosas que van más allá de nuestros antecedentes, experiencias, capacitación, talentos, educación y nivel de confort.
6. La edad de una persona no determina lo que Dios puede hacer a través de ella.
7. El llamado de Dios viene acompañado del poder y autoridad que nos da para ejercer.
8. Los grandes líderes mejoran escuchando a la sabiduría y verdad de otros.
9. Los grandes líderes no pierden la fe en su gente.
10. Los grandes líderes enseñan para transformar a la gente.

11. No podemos llevar a la gente a lugares adonde no hayamos ido o no estemos dispuestos a ir.
12. Escojamos personas que nos ayuden con sabiduría. Si es necesario, elijamos carácter por encima de habilidades.
13. Sea lo que sea que Dios nos llama a hacer, podemos lograrlo con la gente que tenemos en este momento.
14. Nuestras habilidades podrían llevarnos a donde nuestro carácter no puede mantenernos.
15. El carácter piadoso no puede ser derrotado.
16. Los grandes líderes hacen lo que Dios desea, enseñan lo que aprenden de él, van a donde él los manda y no inician nada sin su permiso.
17. La manera en que un líder habla de la gente, en especial de sus padres, revela mucho sobre su carácter.
18. Los grandes líderes son y permanecen sexualmente puros.
19. Los grandes líderes no mienten, jamás.
20. Los grandes líderes son humildes y persistentes.
21. Los grandes líderes comunican mensajes claros una y otra vez sin cesar.
22. Los grandes líderes se enfrentan a la oposición con fortaleza de carácter y el poder de su llamado y visión.
23. Los momentos que pasamos a solas con el Señor son la clave de las buenas relaciones.
24. La mayoría de los problemas de los líderes son problemas con la gente.
25. Hasta que no satisfacemos las exigencias de nuestros problemas no podemos alcanzar el deleite de nuestra visión.
26. Los grandes líderes hacen la difícil tarea de desarrollar visiones y estrategias y la tarea tediosa de

manejar los detalles de la obra que tiene que realizarse.

27. Los grandes líderes tienen el privilegio de forjar excelentes amistades sin comprometer su tarea de trabajar con Dios para edificar su Reino.
28. Nuestro llamado es muy a menudo lo que nos mantiene en el ministerio que nos ha encomendado Dios cuando todo lo que nos rodea parece gritarnos que renunciemos y huyamos.